JN017471

人生100年時代の新しい「知」の発展

実務家教員の
これまで・いま・これから

実務家教員COEプロジェクト編

学校法人 先端教育機構
社会構想大学院大学出版部

はじめに

　実務家教員養成は、高等教育機関において実務家教員の登用と教育の質保証がともに政策課題となるなかで、高等教育の研究者のみならず、高等教育機関の運営に関わる多くの関係者にとっての関心事の１つとなっています。実務家教員志願者にとってもまた、実務家教員として身につけるべき能力、とくに実践と理論の融合のあり方は、大きな関心事です。

　社会構想大学院大学「実務家教員COEプロジェクト」は、2019年以来、文部科学省「持続的な産学共同人材育成システム構築事業」の中核拠点として、実務家教員を目指す社会人向けの６カ月の履修証明プログラム「実務家教員養成課程」や、現役の実務家教員向けの「実務家教員FDプログラム」「実務家教員認証制度」、実務教育・実務家教員に係る研究の推進を図る「日本実務教育学会」など、実務家教員の教育指導力・研究能力・実務能力の養成を図る各種取り組みを推進し、上述の関心に応えようとしてきました。

　並行して、実務家教員への期待と現状を議論する『実務家教員への招待』（2020）、実務家教員養成課程の教科書となる『実務家教員の理論と実践』（2021）、実務家教員が現場で発揮するコツやわざ、考え方を聞き取り調査によって明らかにした『実務家教員という生き方』（2022）という３冊の書籍を刊行しています。

　本書は、これらの実務家教員COEプロジェクトの歩みの現時点での到達点を示し、今後の展望を描く観点から、実務家教員養成の現状や能力開発、実践的な取り組みがどのように行われているかを明らかにし、今後の実務家教員養成のあるべき姿を検討するものです。

　具体的には、第１部では、現代日本の高等教育機関における実務家教員の理論的な位置づけを明らかにした上で（第１章）、実務家教員を対象とした調査研究の知見を用いて、どのような知や能力を持つ実務家教員が起用され、どのような「わざ」を身につけているのかを明らかにします（第２章〜第４章）。これに続く第２部では、高等教育における能力開発と業績評価の

専門的知見（第5章・第6章）、実務家教員やその養成の実践的な取り組みに即した知見（第7章〜第9章）を用いて、実務家教員の能力開発のこれまでのあり方を整理した上で、今後さらに実務家教員の能力開発にどのように取り組んでいけばよいのかを検討します。

　このような構成からなる本書は、実務家教員養成に関する研究の参照点としての性格を有するとともに、現役の実務家教員や実務家教員志願者が実践に取り組むための参照点としての性格も有しています。さらにまた、実務家教員を登用する学部学科の教務担当者が能力開発のあり方を検討する際の参考となることも期待しています。すなわち本書は、実務家教員養成に関心のある研究者、現役の実務家教員、実務家教員志望者、実務家教員を登用する大学関係者や政策立案の担当者など、幅広い読者を対象としています。

　本書の構成は、第1章から順番に読んでいくことで、実務家教員についての理解を深めることができるよう意図していますが、各章はそれぞれ独立した章となっていますので、読者のみなさまそれぞれの関心に沿って読み進めることもできます。

　実務家教員養成に関わる方や関心を持つ方に広く手に取っていただき、今後の実務家教員養成について議論する手がかりとなれば幸いです。

2024年3月

編者一同

目次

第1部

実務家教員の
これまでといま

　　第1部では、実務家教員をめぐるこれまでの歩みと現在地を明らかにする。

　　第1章では、現代日本の高等教育機関における実務家教員の位置づけと実務家教員の生成する知を理論的に跡づけてゆく。

　　続く第2章から第4章では、実務家教員を対象とした各種の調査結果から、実務家教員がどのような知や能力、「わざ」を持つのかを明らかにする。具体的には、第2章ではマスメディア出身の実務家教員の担当授業科目データ、第3章では観光論・メディア論・ファッション論・スポーツマネジメント論の4分野の専任教員への質問紙調査の結果、第4章では、実務家教員を対象としたインタビュー調査から作成された「実務家教員のためのパターン・ランゲージ」をそれぞれ取り上げる。

実務家教員の知

1． はじめに

　本稿では高等教育機関で教育研究を行う「実務家教員」に焦点を当てる。実務家教員とは、企業や官公庁などで高度な専門性や技能を身につけた経験者であり、その経験を学生や社会人に伝えることができる教員である（川山2021c）。本稿の目的は、実務家教員の知についての見取り図を描くことである。本稿では実務家教員の知は、２つの問題系に分けて考察する。１つは、実務家教員のアイデンティティに関する問題系である。つまり、実務家教員そのもの（定義）に関する問題に関連する。もう１つは、実務家教員が創出する知に関する問題系である。実務家教員がどのような知を教えているのか、そして実務家教員はどのような知を創造しているのかに関わるものだ。筆者は、この２つの問題系が密接に関係し合っていると考えている。今後の実務家教員の養成、普及、活用のためには、これらの問題系を理解する必要があるのではないかと考える。

2． 実務家教員の２つの問題系

2.1　実務家教員の定義の問題系

　実務家教員とは、そもそも何者なのか。実務家教員に類似した用語として「社会人教授」と呼ばれる者がいる。社会人教授にもさまざまな定義があることは承知している。社会人教授と実務家教員には、共通する部分もあれば異なる部分もあろう。例えば、社会人（大学での教育研究以外の）経験を持っている大学教員という意味では、社会人教授も実務家教員も同様の事態を指している。しかし、社会人教授に関する論考を読んでみると、今求められている実務家教員と違いがあるのではないかと考えられる。

　整理してみると、社会人教授というのは、あくまで社会人としての経験が

ある研究者教員と読み取れる。例えば、ある者が経理に関する実務に就いていたが、物理学の博士課程に進学し、大学の教員にキャリアチェンジする場合が社会人教授として想定される。このとき、自分の実務経験や実務能力とは関係のない領域で大学教員としての教育研究分野を持つことになる。すなわち、社会人経験を経て、アカデミックキャリアへ変更するモデルである。

　それに対して、実務家教員は、自分自身の実務実践を軸として指導にあたる教員のことを指す。例えば、マーケティングの実務に就いていたが、大学院に進学するしないにかかわらず、自分自身の実務経験を体系化して、実務者の経験を活かして大学で授業を行うことが想定される。このとき、自分の実務経験・実務能力と関連した領域で教育研究に携わることになる。つまり、実務と地続きでの指導が重要となる。

2.2　実務家教員が扱う知の問題系

　このように研究者教員と実務家教員の定義の違いを考えてみると、両者が生み出す知識の違いについて気がつく。社会人教授の場合は、自分の実務経験・能力と研究対象は当然のことながら別ものである。研究対象は自分ではなく、外部から観察可能な研究対象は独立して存在している。これはいわば、通常の学術教員が行っている研究手法とさほど変わりない。問題は実務家教員の方である。実務家教員は、自分の実務実践を軸に教えることになるのだから、教える知見は自分自身を研究した結果にほかならない。自分の実務経験・能力が研究の対象になる。したがって、研究する主体も研究される対象も同一のものとならざるを得ない。ある意味で、リフレクティブな、自己参照的な知識なのである。実務家教員が指導する実践を成り立たせている知は、いかにして可能なのかということは研究するに値するテーマであろう。これがいわば、実務家教員が扱う知の問題系である。これはのちに扱うことにしよう。

　本稿では、実務家教員を「自分の実務経験・実務能力を基盤とし（大学などの高等）教育機関で、教育研究に従事する者」と定義したい。実務家教員には、大きく2つの役割がある。1つは実務領域における最先端の知見を伝えることである。いわゆる、リアルタイム・ノレッジ（real time knowledge）と呼ばれ得るような知識である。これは実務を実際に行ってい

る者しか知り得ない知識である。もう1つは、実務領域における実践知を示すことである。これはリアルタイムではなく普遍的な実践の構造と呼ぶべきものを教えることである。前述した実務家教員の役割を示しつつも、実務家教員が扱う知識についての問題系である。このように2つの問題系は切っても切れない関係にある。

3. 現代における実務家教員の系譜

3.1 実務家教員の基準

　現代における実務家教員は、1985年2月に改正された「大学設置基準」で初めて法的根拠を得た。同基準では、「専攻分野について、特に優れた知識及び経験を有し、教育研究上の能力があると認められる者」を教員として認めることとした。これにより、民間企業など社会における優れた人材を大学教員として迎え入れる可能性が生まれた。当時の通知では、「大学における教育研究の一層の発展を図るためには、大学や研究所のみならず広く社会に人材を求め、その優れた知識及び経験を大学において活用することが必要」という趣旨が示されている（文部省 1985）。

　この時点ではまだ実務家教員という用語は使われておらず、その定義や役割も明確ではなかった。しかし、論文や著書、学位、研究業績の有無にかかわらず判定できることが定められたことから、実務家教員は研究者教員とは異なる評価基準を持っていたことが分かる。

　実務家教員は研究者教員とは異なる評価基準を持っていたが、その実態や役割については明確な定義や指針がなかった。実務家教員の必要性については、当時の第三次臨時教育審議会の答申のなかでも言及されている。答申では「大学は社会から超越した存在ではなく、社会の変化に対応し、課題を的確に捉える役割を担う」と述べられており、「教員に広く社会の人材を求め、任用を拡大するため、適格条件を弾力化することが望まれる」とされている。これらの記述から、実務家教員の位置づけが議論されていたことがうかがえる。

3.2　専門職大学院と実務家教員

　しかし、実務家教員の制度化や普及には時間がかかった。2003年に専門職大学院制度が創設されたときに初めて実務家教員という用語が法令上使われた。専門職大学院では高度専門職業人を養成することを目的としており、法令上[1] 実務家教員が必置とされた。専門職大学院では、教育指導能力に加え、実務経験と実務能力を有することが実務家教員の条件となっている。実務経験については5年以上が標準とされており、これは法科大学院を参考に定められたと考えられる[2]。

　2019年にはさらに専門職大学制度が創設され、こちらでも実務家教員が必須となった。しかし、従来の実務経験と教育指導力に加え、研究能力が新たに定義されたことが特徴である。実務家教員にも一定の研究能力が求められることが明確化されたと言える。

　一方で、実務家教員の定義そのものについてこれまで十分な検討がなされてこなかったという指摘もある。2006年の参議院における大学の在り方に関する質問に対する回答は、1985年の大学設置基準の通知とほぼ同内容であり、実務家教員の位置づけ自体が四半世紀以上進展していなかったことがうかがえる（小泉純一郎 2006）。

　したがって、今ここで改めて実務家教員の定義と役割について検討する意義は大きいと考えられる。実務家教員制度発足から40年近くが経過し、社会情勢も大きく変化している。実務家教員を取り巻く課題も変化しているはずである。例えば、実務経験を活かした教育力の向上、研究能力のある実務家教員の育成、大学と実社会の接続の強化など、新たな課題が生じている可能性がある。これらの課題に対応するためにも、実務家教員のあり方を改めて検討する必要があるだろう。

　実務家教員制度が発足してからの社会の変化や実務家教員を取り巻く状況の変化を踏まえ、現代の実務家教員に求められる資質とは何かを明らかにすることが重要である。実務経験の質、教育指導力、研究能力といった観点からの議論が必要となる。さらには、実務家教員と研究者教員の役割分担、大学教育への実務家教員の具体的な貢献のあり方についても検討していくべき論点であろう。このように実務家教員の定義と役割を再検討することで、大学教育の質の一層の向上につながるのではないだろうか。

4．実務家教員の 3 能力

4.1　実務家教員の 3 能力

　実務家教員とは、実務経験を持ちながらも、高等教育機関で教育活動や研究活動に従事する教員のことである。実務家教員は、研究者教員とは異なる特徴や役割を持っていると考えられる。以下では、実務家教員に必要な要素を実務能力・教育指導力・研究能力の 3 つであると説明する（川山 2021a）。

　第 1 に実務能力とは、実務家教員が自身の専門分野で培った知識や技術、経験やノウハウなどを指す。実務能力は、実務家教員の最大の強みであり、研究者教員と差別化するものである。実務能力を持つことで、実務家教員は、学生に対して現場で必要とされるスキルや知識を伝えることができる。また、産業界や社会との連携や協働も円滑に行うことができる。

　実務能力を持つためには、当然ながら実務経験が不可欠である。実務経験とは、実務家教員が高等教育機関で教育研究にあたる前に、自身の専門分野で一定期間以上働いたことを指す。実務経験の長さや内容は、専門分野や就業している実務によって異なるが、一般的には 5 年以上が望ましいとされる。実務経験を通じて、実務家教員は、自身の専門分野の最新の動向や課題を把握することができる。また、実務では何らかの成果が求められるが、その成果がいかなる状態であるのかを理解することができる。

　次に教育指導力は、実務家教員が教育機関で行う教育活動において必要な能力を指す。これには 2 つの段階があると考えられる。第 1 段階は、与えられた授業設計に沿って授業を運営できる力である。この点も研究者教員と実務家教員で大きく異なる。すなわち、実務経験から得た暗黙知を含めた実践知を大学から示されたシラバスに基づき、その目的や内容を学生に分かりやすく教授する指導力が求められる。第 2 段階は、ラーニングデザインである。自らが教授する授業の目的や目標を設定し、全体の構成を設計する力が必要だ。自身の専門知識や経験を授業に取り入れ、効果的な内容を組み立てる能力が重要なのである。

　最後に研究能力である。実務家教員には、実務で得た暗黙知を形式知として明確化していく研究能力が求められる。実務に基づく知見を整理・分析し、他者にも伝えられる理論化が重要となる。これによって実務の理論が構

築され、実務家ならではの知識体系をつくることができる。この新しい知識は、研究者の生成する学術的知識とは異なる価値を持っている。研究能力を持つことで、実務家教員は、自身の専門分野における新しい知識や理論を生み出したり、既存の知識や理論を検証したりすることができる。

4.2　トランスレーション能力

　ところで実務家教員の能力には、実務能力・実務経験、教育指導力、研究能力の3つの能力が必要であると主張してきたが、それだけでは十分ではない。もう1つ大切な能力がある。それは、実務と学問の間で相互作用を促進するトランスレーション能力と呼ばれるものだ。トランスレーション能力とは、自らの実務経験や知識を学問的な枠組みや方法論に翻訳し、それを教育や研究に活かすことができる能力を指す。また、学問的な成果や理論を実務的な課題や解決策に翻訳し、それを社会に提供することができる能力である。このように、トランスレーション能力は実務家教員の役割を果たす上で欠かせない能力であると言えるのではないだろうか。

　このトランスレーション能力は、大学の歴史を振り返ってみると、社会から知識を取り込んできたことと関連している。例えば、大学で専門職養成を行っていたところに、アカデミーで盛んに行われていた自然科学の知識を大学は取り込んできた（古川 2018）。同様に、今まさに社会のさまざまな知を実務家を介して新たな知を取り込もうとしている。このように、大学は常に社会と対話しながら知識の更新や創造を行ってきたのである。その対話の中心にいるのが実務家教員であり、彼らはトランスレーション能力を発揮して大学と社会の橋渡しをしているのだ。

　以上のように、実務家教員に必要な要素は、実務能力・教育指導力・研究能力であると考えられる。これらの要素は、実務家教員の特徴や役割を表すとともに、実務家教員の質の向上にも寄与すると考えられる。次節では、実務家教員がつくり出す知識である実践の理論について説明していこう。

5．研究能力と知識の類型

　「実践の理論」の議論に入る前に、実務家教員の研究能力である実践知に

ついて整理しておこう。実務家教員の研究能力というと、どうしても学術研究との違いから高いハードルを感じられがちである。それは知識を狭い概念でとらえているからではないだろうか。知識というのは何らかの成果を出すものであり、その成果は多様な形で表れるはずだ。そのためには、知識の類型について整理する必要がある。

5.1　知識の 3 類型

　筆者は、知識には学術知、実践知、メタ知識の 3 つの類型があるという構想を持っている。これらの類型はそれぞれ異なる特徴や価値を持ち、相互に関連しながら新たな知識創造を促進することを形式化したものである。

　学術知とは、学問の専門分野において生成された知識を指す。学術知は専門家のコミュニティによって精査され、一般的に公開されており、客観的で普遍的な性質を持つ。学術知は研究者により理論的、分析的アプローチに基づいて構築されている。学術知は未知の領域を明らかにすることで未知を既知に換え、新たな未知を生み出すことで成果を出す。

　一方、実践知は実務上で生成された成果を出せる知識である。実践知は属人的で特殊的な性質を持ち、具体的な場面における問題解決に関わるものである。実践知は実務経験者による反復的、試行錯誤的アプローチに基づいて構築される。実践知は未解決の課題を解決することで新たな成果を出す。

　メタ知識は、知識そのものについての知識である。メタ知識は自己認識的でメタ的な性質を持ち、知識の活用や評価に関わる。メタ知識は知識活用者による自己調整的、戦略的アプローチに基づいて構築される。メタ知識は知識の位置づけや意義を明らかにすることで新たな成果を出す。

5.2　実務家教員の実践知

　実務家教員は、このうち主に実践知の生成に関わる。実務家教員は、実務経験を通して獲得した実践的な知識や技能を持ち合わせていることが前提のはずである。実務家教員の研究能力は、自らの実践知を体系化し、他者と共有し、実務の場面にフィードバックしていくことにある。

　例えば、学術知は「未知のものを明らかにする」成果を出すし、実践知は「何らかの未解決のものを解決」する成果を出すと言える。それらは、未知

のものを既知に変えることでさらなる未知を生み出し、未解決のものを解決すれば、新たな未解決に直面し、新たな知識創造を要求する営みを促進する。

このようにしてみると、学術知と実践知は対立するものではなく、補完するものであるといえる[3]。実務家教員は、自らの実践知を学術知と照らし合わせることで、より深い理解や洞察を得ることができる。また、学術知を自らの実践知に適用することで、より効果的な問題解決や改善を行うことができる。まさに、実践知という知識類型を、社会の要請から実務家教員を使って大学に取り込もうとしていると言えるのではないだろうか。

6．実践知と実践の理論の着想

6.1　2つの実践知

実務家教員がこれから生み出すべき知識は実践知であり、その実践知を洗練化されたものが「実践の理論」であると考えている。実務家教員が生み出す実践知には2つあると考えられる。

1つは、実践の現場で今使われているリアルタイム・ノレッジと呼ばれるものである。これは、今まさに実践の現場で起こるさまざまな事象に対応するために、実務者が即座に判断したり行動したりする際に必要となる知識である。この知識は、実務者の経験や直感に基づいており、言語化されていないことが多い。しかし、この知識は、実践の質や効果を左右する重要な要素であると言える。

もう1つは、実践の理論である。これは、リアルタイム・ノレッジを言語化し、体系化し、理論化することで得られる知識である。この知識は、実務者が自らの実践を振り返ったり分析したりする際に必要となる知識である。この知識は、実務者の思考や理解を深めたり、他者との共有や協働を促進したりする役割を果たす。また、この知識は、実務の研究や開発にも貢献する可能性がある。

以上のように、実務家教員が生み出す実践知には2つあり、それぞれに異なる特徴や機能があると考えられる。

6.2　実践の理論の着想

　この節は、筆者が構想する実践の理論の理論的背景を説明するものである。実践の理論とは、実践知を洗練化されたものとして定義する。実践知とは、言語化されていないが、実際に行動する際に必要となる知識である。実践知を言語化することは、個人や組織の能力向上や知識継承にとって重要であると考えられる。以下では、実践知を言語化する必要性や可能性について、歴史的・哲学的な文献から示す。

　まず、実践知を言語化する必要性については、アダム・スミス（Smith 1776=2020）やディドロとダランベール（Diderot et d'Alembert 1751-1780=1995）などの啓蒙思想家が指摘している。彼らは、『国富論』や『百科全書』などの作品で、実践知が暗黙知のままにとどまっていることにより、職業の選択の幅が狭められることを指摘している。すなわち、実践知が言語化されていないために、それぞれの人々が自身のキャリアを実現するために、どのようにしたらその職業につく能力が身につけられるのか、どのような能力が必要かを知る手がかりとなり得る情報が不足している。

　次に、実践知を言語化する可能性については、フレデリック・テイラー（Taylor 2009）やハイエク（Hayek 2008）などの経済学者や社会学者が示唆している。彼らは、『科学的管理法』や『個人主義と経済秩序』などの作品で、実践知はたくさんあるが、どの手法が最も効果的か分からないので、産業人や社会人の努力が水泡に帰することがあることを指摘している。すなわち、実践知は「一般法則についての知識という意味で科学的なものとは呼び得ないが、非常に重要であるが、系統だっていない一群の知識」（Hayek 2008）である。したがって、実践知を言語化し、体系化し、理論化することで、より効率的かつ効果的な行動を選択することが可能になる。

　さらに、プラグマティズムの発想も実践知を言語化する可能性を補強するものである。プラグマティズムは、「実践において役立つ」という点において知識は正しいという考え方である。すなわち、「真理」や「客観性」ではなく、「有用性」や「機能性」を基準として知識を評価する立場である。このような考え方は、「実践における問題解決」や「個人や社会の変革」を目指す教育者や研究者にとって魅力的である。したがって、実践知を言語化し、実践において役立つ知識として共有することは、プラグマティズムの観

点からも正当化される。

　以上のように、実践知を言語化する必要性や可能性について、歴史的・哲学的な文献を敷衍する形で示した。これらの文献は、実践知を洗練化されたものとして定義する実践の理論の着想の源泉であると言える。実践の理論は、個人や組織の能力向上や知識継承にとって重要であると考えられる実践知を言語化し、体系化し、理論化することを目指すものである。実践の理論は、「個人の能力と可能性を開花させ、全員参加による課題解決社会を実現するための教育の多様化と質保証の在り方について（答申）」（文部科学省中央教育審議会 2016）で指摘されている「暗黙知を形式知化して継承することや、さらには、これらを理論化・体系化して、生産性の向上へのつなげること」に貢献するものであると考えられる。

7．実践の理論の構造

　この節では、実践の理論の構造と理論的背景を説明する。実践の理論とは、実践知を構造化し実践者のなかで活用できるようにした知識の形式である。実践知とは、さまざまな実践現場で起こるさまざまな事象に対応するために、実務者が即座に判断したり行動したりする際に必要となる知識である。例えば、ビジネスの商談や医師の診察、法曹の法行為などが実践現場の一例である。実践の理論は、以下の3つの要素で構成されていると考えられる。

7.1　実践の理論の構成要素

　まず、実践についての知識である。これは、実務者が自らの実践を省察し記述することで見いだすことができる知識である。しかし、実践の記述をそのまま記述すると、その場限りの知識にしかならない。つまり、実践の記述はそれぞれの実務者の実践に埋め込まれた知識であり、それ以外では通用しない可能性がある。クリフォード・ギアツでいうローカルノレッジである（Geertz 1983＝1999）。なるほど、そのように考えれば徒弟制度についても新たな視座を獲得できる。徒弟制度というのは、実践についての知識とその実践についての知識を使用する環境が不可分になってしまっているので、親方

と同様の環境に身を置かせて習得していることになる。実践についての知識を見いだすためには、自分自身の実践を省察し記述する必要があるが、それだけでは不十分である。実践の記述から、実践についての知識のみを抽出する必要がある。実践の現場から引きはがすという意味で、脱埋め込み化[4] と言っていいだろう。

　次に、実践における理想的な状況である。これは、実務者が目指すべき目標や価値観を示す知識である。脱埋め込み化されることで、その実践の現場において、Aの現場でもBの現場でも使えるような実践についての知識が生成される。しかし、それはある意味で普遍化された知識であり、そのままでは使えない。それぞれの実務の環境に合わせて適用させなければならない。そのための知識が必要となる。適用させる知識を使って、別の実践の場において成果が出せるようになる。すなわち、脱埋め込み化された知識を再び、実践の場に再埋め込み化するわけである。そうなると、その実践の理論がどのような実践においてどのような成果を出すことができるのかを明示しておく必要がある。つまり、実践で成果を出すということは、「実践における理想的な状況」あるいは「どのような状況になれば解決するのか」に向けて行為をすることになるからである。すなわち、実務についての観察が不可欠である。

　最後に、実践の理論を活用する知識である。これは、実務者が自らの実践の場において、実践についての知識と実践における理想的な状況を結びつけるために必要となる知識である。実践の理論は、実践についての知識とそれらをどのように活用するのかというメタ知識の組み合わせになる。実務者は、自らの実践の場における問題や課題を明確化し、それらを解決するために必要な実践についての知識を選択し、その知識を適切に適用し、その結果を評価し、さらに改善するというサイクルを回すことで、実践の理論を活用することができる。

　以上のように、実践の理論は、実践知を構造化し、実務者のなかで活用できるようにした知識の形式である。実践の理論は、それぞれの実務実践の場から生成される反省理論といえるだろう。反省理論とは、ニクラス・ルーマンが提唱した概念であり、それぞれの社会的機能をになったシステムが自らの行動や思考を振り返り、その背景や意味を肯定的に探求し、より良い行動

や思考へと改善するための理論である（川山 2018）。この定義によれば、社会を駆動させる実務を省察するという点からすれば、反省理論は実践の理論とも一致するといえる。

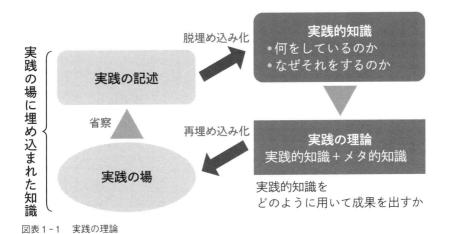

図表1-1　実践の理論

7.2　実践の理論の構造

　ところで、実践の理論の構造について考えるとき、筆者は実践の理論には2つの類型があると考える。1つは「実践−理論型」である。もう1つは、「理論−実践型」である。この2つの類型について、それぞれの特徴と意義を説明する。

　まず、「実践−理論型」についてである。この類型は、先に記述したように実務者の実務実践から実践の理論を生成する方法である。この方法では、実務者が自らの実践を省察し、その中に隠された知識や価値観を明らかにすることで、実践についての知識を生み出す。この知識は、現場で培われた経験や感覚に基づく知識であり、「暗黙知」と呼ばれることもある。この暗黙知を言語化し、共有化することで、実践の理論が形成される。このような「実践−理論型」の実践の理論は、現場のニーズや問題に即した有効な理論であり、実務者自身のスキルや能力の向上にも寄与する。

　次に、「理論−実践型」についてである。この類型は、「教科書経営」を思い浮かべてもらうと分かりやすいだろう（中沢 2023）。「教科書経営」とは、

簡単にいえば経営学の教科書——マーケティングや経営戦略——に書かれて
いることを、実際の経営に活かすことである。ジョン・メイナード・ケイン
ズがいうように、「世界中の実務家たちは、自分たちが思っているよりも
ずっと多くの理論家である。知らないうちに私たちはある理論を使って実務
している。そしてその理論はしばしば死んだ経済学者たちから受け継いだも
のである」（Keynes 1936=2008）。実践の理論に当てはめれば、実践につい
ての知識は「学術知」が相当する。その知識は、現場に埋め込まれていない
知識であるから、現場に埋め込むための知識すなわち「学術知」を活用する
知識が必要である。学術知が実践の現場でどのように使われるかは、実践の
場にいる実務家にしか分からないので、「理論−実践型」の実践の理論をつ
くり出すことも極めて重要である。この「理論−実践型」の実践の理論は、
学術と社会を往還する 1 つの証左にもなりうる。

　整理すると、「理論−実践型」の実践の理論は、以下のような構造を持つ。
まず、実践についての知識は「学術知」に相当する。次に、実務家が実践を
省察することで、その学術知がどのように使われているのかを明らかにす
る。そのときに当然、その実務の成果が何で、どのように役立っているのか
をも明らかにする。すなわち、学術知が実践とどのように組み合わされてい
るのかを明らかにしているのである。

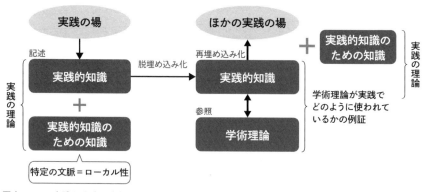

図表 1−2　実践と理論の融合とは

8. 実践の理論の理論モデル

　実務家教員が生成する知は、実務経験や実務能力を基にした実践の理論であると考えられる。実践の理論とは、実務における問題や課題を解決するために、何をするべきか、どうするべきかを示す理論である。実践の理論は、実務家教員が自身の専門分野で培った知識や技術、経験やノウハウを体系化し、普遍化し、共有化することで生み出される。実践の理論は、実務家教員が教育活動や研究活動において用いることができるだけでなく、学生やほかの実務者にも伝えることができる。

8.1　実践の理論の理論モデル

　実践の理論は、その内容や形式が多様であり、その整理や分析には困難が伴う。そこで本稿では、実践の理論を整理するために、4つの概念を用いて理論モデルを提示したい。4つの概念とは、標的母系、説明因子、アウトプット、アウトカムである。これらの概念は、以下の図表1-3に示すように関係している。

4つの概念

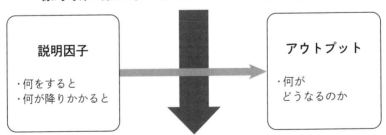

標的母系：誰に対して／何に対して（理論の適用範囲）

説明因子
・何をすると
・何が降りかかると

アウトプット
・何が
　どうなるのか

アウトカム：理論を使うことによる実務への効用

図表1-3　理論と概念モデル

　図表1-3から分かるように、標的母系とは、実践の理論の適用範囲を示すものである。すなわち、その実践の理論は、何に対して（対象）、誰に対して（対象者）のものなのかを表すものである。例えば、「小学校低学年児

童への算数指導法」という実践の理論では、「小学校低学年児童」が対象者、「算数」が対象となる。この標的母系は、アウトカムにも関連する。アウトカムは実践の理論を活用することで、対象や対象者に対してどのような成果を生み出すのかを表すものである。例えば、「小学校低学年児童への算数指導法」では、「算数力向上」「算数への興味・関心・自信・楽しさ」「算数的思考力・表現力・問題解決力」などがアウトカムとして想定される。

　説明因子は、何をするべきか（目的）、どうするべきか（手段）ということを表すものである。説明因子は、A→Bという因果関係を表す際のA、すなわち先行因子にあたる。例えば、「小学校低学年児童への算数指導法」では、「具体物やイメージを用いる」「発見的学習を促す」「子ども同士のやりとりを活発にする」などが説明因子として考えられる。アウトプットは、説明因子が行使されるとどうなるのかを表すものである。すなわちA→BのBにあたる。例えば、「小学校低学年児童への算数指導法」では、「具体物やイメージを用いる」ことで「子どもが算数の概念やルールを理解する」、「発見的学習を促す」ことで「子どもが自ら問題に取り組む」、「子ども同士のやりとりを活発にする」ことで「子どもが算数の考え方や表現方法を共有する」などがアウトプットとして想定される。

　このとき、説明因子をどのように行使するのかという点も課題になる。A→Bの→の部分にあたる。例えば、「具体物やイメージを用いる」という説明因子は、その具体物やイメージが何であるか、どのように使うか、いつ使うか、どれくらい使うかなどによって、その効果は変わってくる。このように、実践の理論は、単に説明因子を列挙するだけでは不十分であり、その実施方法や条件も明示する必要がある。

　先に説明したアウトカムは、アウトプットが生じることによって、対象や対象者に対してどのような影響を及ぼすものかを表すものである。このとき、アウトプットとアウトカムの間には必ずしも直接的な因果関係があるとは限らない。例えば、「小学校低学年児童への算数指導法」では、「子どもが算数の概念やルールを理解する」というアウトプットが、「算数力向上」というアウトカムにつながると考えられるが、それだけでは不十分であり、「算数力向上」にはほかの要因も関係している可能性がある。したがって、実践の理論は、アウトプットからアウトカムへの因果関係を検証する必要が

ある。

　以上のように、実践の理論は、標的母系、説明因子、アウトプット、アウトカムという4つの概念から成り立っていると考えられる。これらの概念は、実践の理論を整理し、分析し、評価し、改善し、普及するために有用である。実務家教員は、自身が生成する実践の理論をこのモデルに基づいて表現し、共有し、発展させていくことが望まれる。

9．実務家教員にまつわる研究の展望

　本稿では、実務家教員の知について、2つの問題系から考察してきた。第1に、実務家教員のアイデンティティに関する問題系である。第2に、実務家教員が生成する知に関する問題系である。これら2つの問題系は、以下のように密接不可分な関係にある。

　第1に、実務家教員のアイデンティティは、生成する知の種類や内容に影響を与える。実務家教員は実務経験を基盤とするため、生成する知は実務に関するものや実務的課題解決を目的とするものが中心となる。また、実務家教員の特徴や能力は、知の生成プロセスにも反映される。実務家教員には実務能力、教育指導力、研究能力が求められるが、それだけでなく、実務と教育研究を架橋するトランスレーション能力が欠かせない。実務家教員は、自らの実務経験を教育研究に活かし、社会と大学の接続を果たす重要な役割を担っている。

　第2に、生成する知の質は、実務家教員としての資質を高める。実践の理論を生み出すことは、実務家教員の省察能力や理論化能力を育む。知の共有は、実務家教員のコミュニケーション能力を向上させる。このように、知の生成プロセスが実務家教員の能力開発に好循環を生む。実践の理論には実践知を構造化し、実践者の間で共有することを目的としている。実践の理論には実践－理論型と理論－実践型があり、どちらも重要な機能を持つ。実務家教員は、自らの実践の理論を生成・活用することで、教育研究に大きく貢献できる。

　第3に、知の発展プロセスが実務家教員のアイデンティティの変容を促す。実践と理論の往還を重ねることで、実務家教員の自己認識が深まり、専

門性が向上する。実務と研究のバランス感覚も身につく。

　以上のように、実務家教員のアイデンティティと知は相互作用しながら変容し発展していく。2つの問題系を一体的に理解し、好循環を生む関係を構築することが重要である。本稿ではその可能性を示したが、今後さらなる研究が必要である。実務家教員のさらなる養成と活用には、この視点が欠かせないと結論づけられる。

注

1）ここでの法令とは、専門職大学設置基準のことである。

2）法科大学院は、司法制度改革の一環として、法曹養成制度改革として構想された。法科大学院における実務家教員は、法曹三者（裁判官・検察官・弁護士）である。法曹は、基本的に司法試験に合格し、司法修習等を経た上で法務実務に従事している。この点から言えば、法科大学院における実務家教員の実務経験は同定されている。したがって、実務家教員の定義は法科大学院であれば特に問題とならない。しかし、法科大学院でない一般専門職大学院では、さまざまな領域の高度専門職業人を養成することから、実務経験が同定され得ず実務家教員の定義が問題となる。また、実務家教員の概ね5年以上の実務経験という要件も、法科大学院を基本としたことが読み取れる。裁判官として最初に任官されるのは、判事補である。判事補の職権の特例等に関する法律によれば、判事補（いわゆる未特例判事補）は一人で裁判することができないなどの制限があるが、5年以上の判事補経験を積むことで特例判事補となることができる。特例判事補は、単独で訴訟事件を維持することができる。すなわち、5年以上の実務経験で裁判官としては独り立ちをしていることを表している。このように考えると、一人で実務実践ができるようになることが実務経験の1つの基準のように考えられる。

3）例えば、医療分野では、学術知としての医学や薬学の知識と、実践知としての臨床経験や患者とのコミュニケーションのスキルが求められる。医師や看護師は、学術知を基にして診断や治療を行うが、その知識をどのようにして活用するのかをメタ的知識を使って判断する。加えて、実践知を活用して患者の状態やニーズに応じて対応する。また、実践知から得られた知見を形式知に転換し、学術論文や症例報告などで共有することも行っている（文部科学省 2022: 第2章）。

　教育分野では、学術知としての教育学や心理学の知識と、実践知としての教育現場での経験や教育指導力が必要である。教師は、学術知を基にして教育目標やカリキュラムを設定するが、実践知を活用して生徒の個性や状況に応じて指導方法を変える。また、実践知から得られた知見を形式知に転換し、教育雑誌や事例集などで共有する（青山 2017）。

4）脱埋め込み化、再埋め込み化の発想は、ギデンズによるものである（Giddens 1990=1993）。

参考文献

青山清英（2017）「『教育実践力研究会』がめざす実践知の学び」『教師教育と実践知』1: 11-14

Giddens, Anthony. (1990) *The Consequences of Modernity*, Stanford University Press（＝松尾精文・小幡正敏訳（1993）『近代とはいかなる時代か？ —— モダニティの帰結』而立書房）

Geertz, Clifford. (1983) *Local Knowledge: Further Essays in Interpretive Anthropology*, basic books（＝梶原景昭ほか訳（1999）『ローカル・ノレッジ —— 解釈人類学論集』岩波書店）

Diderot, Denis et Jean Le Rond d'Alembert eds. (1751-1780) *Encyclopédie, ou Dictionnaire raisonné des sciences, des arts et des métiers*, Briasson（＝桑原武夫訳（1995）『百科全書 —— 序論および代表項目』岩波書店）

古川安（2018）『科学の社会史』筑摩書房

畑中大路（2016）「学校経営研究における研究知・実践知の往還—研究方法論の検討を通じて—」『日本教育経営学会紀要』58: 88-89

Hayek, F. A.（2008）『個人主義と経済秩序　ハイエク全集1-3』春秋社

川山竜二（2018）「反省理論と科学システムの衝突 —— 機能システムの内部構造論に向けて」『年報社会学論集』31: 36-47

川山竜二（2021a）「実務家教員とはなにか」実務家教員COEプロジェクト編『実務家教員の理論と実践 —— 人生100年時代の新しい「知」の教育』社会情報大学院大学出版部，10-22

川山竜二（2021b）「実践と理論の融合」実務家教員COEプロジェクト編『実務家教員の理論と実践 —— 人生100年時代の新しい「知」の教育』社会情報大学院大学出版部，221-232

川山竜二（2021c）「社会の知を取り込む実務家教員 —— 実務家教員の展望と課題」『産官学連携ジャーナル』17 (2) : 23-25

Keynes, John Maynard. (1936) *The General Theory of Employment, Interest and Money*, Harcourt（＝間宮陽介訳（2008）『雇用，利子および貨幣の一般理論』岩波書店）

文部科学省（2022）『令和3年度版科学技術・イノベーション白書』

文部科学省中央教育審議会（2016）「個人の能力と可能性を開花させ、全員参加による課題解決社会を実現するための教育の多様化と質保証の在り方について（答申）」

文部省（1985）文部事務次官通知「大学設置基準の一部を改正する省令の施行について」（昭和60年2月5日）

中沢康彦（2023）『教科書経営 —— 本が会社を強くする』日経BP社

小泉純一郎（2006）「参議院議員櫻井充君提出大学の在り方に関する質問に対する答弁書」第164回国会（常会）答弁書第51号（内閣参質164第51号）

Smith, Adam. (1776) *An Inquiry into the Nature and Causes of the Wealth of Nations*, W. Strahan（＝大河内一男監訳（2020）『国富論』中央公論新社）

Taylor, Frederick W. (1911) *The Principles of Scientific Management*, Harper & Brothers（＝有賀裕子訳（2009）『新訳 科学的管理法』ダイヤモンド社）

第2章

産業界の実務家教員による 「理論と実践の融合」の現在地
マスメディア出身実務家教員を端緒として

1．知識基盤社会・実務家教員・理論と実践の融合

1.1　実務家教員の現代的意義

　現代社会を初めて「知識基盤社会」という言葉で表現した政策文書は、2005年の中央教育審議会答申「我が国の高等教育の将来像（答申）」である。それによれば、21世紀は「新しい知識・情報・技術が政治・経済・文化をはじめ社会のあらゆる領域での活動の基盤として飛躍的に重要性を増す、いわゆる『知識基盤社会』（knowledge-based society）の時代である」（中央教育審議会 2005）という。

　その後本格的な高度情報社会の到来を経験し、「Society 5.0」が分野横断的な政策スローガンとして採用されるに至った日本社会において、こうした指摘の妥当性はますます高まっているといえる。同答申において、知識基盤社会の特質は以下のように整理されている。

> 「知識基盤社会」の特質としては、例えば、1．知識には国境がなく、グローバル化が一層進む、2．知識は日進月歩であり、競争と技術革新が絶え間なく生まれる、3．知識の進展は旧来のパラダイムの転換を伴うことが多く、幅広い知識と柔軟な思考力に基づく判断が一層重要となる、4．性別や年齢を問わず参画することが促進される、等を挙げることができる（中央教育審議会 2005: 第1章）。

　知識基盤社会の特性は、そこにおいて社会や個人が直面する課題の複雑さと表裏一体である。そうした状況において、単一のディシプリン、あるいは学術知のみによる課題解決の可能性はますます低くなっている。

　こうした社会動向は、国内における高等教育のあり方にも影響をもたらし

ている。例えば、変化し続ける社会を生き抜く上では「22歳までの大学教育がその後の人生を支える」という伝統的な価値観の成立基盤が失われ、その代わりに高等教育機関における社会人の学び直し（リカレント教育）が徐々に一般化しつつある。そして、社会に遍在する実践知を体系化し、普及・伝達する実務家教員への期待が高まる背景、あるいは実務家教員の質・量両面での充足を図ろうとする今般の実務家教員政策の根拠もまた「知識基盤社会への対応」に求められる。実務家教員の定義が法令において初めて示されたのは2003年のことであり、「専門職大学院に関し必要な事項について定める件」には以下のように定められている。

　　第二条　前条第一項の規定により専攻ごとに置くものとされる専任教員の数のおおむね三割以上は、専攻分野におけるおおむね五年以上の実務の経験を有し、かつ、高度の実務の能力を有する者とする。

そうだとすると「おおむね5年以上の実務経験」と「高度の実務能力」の両者が実務家教員の必須要件といえるが、後者の具体的な内容については示されておらず、教員を採用する各大学において判断されているのが実情といえる。では、実務家教員にはいかなる役割が求められているのだろうか。
　この点について川山（2020）は、実務家教員に求められるのは持論や昔話ではなく「実務を省察し論理を構築し、持論から実践の理論へと昇華させる」（川山 2020: 41）ことであるという。「第6期科学技術・イノベーション基本計画」において、「知識のライフサイクルがますます短期化している」（内閣府 2021: 68）と指摘されるように、知識基盤社会において単なる「経験」は直ちに陳腐化してしまうと考えられている。とりわけ知識基盤社会の実務家教員に期待される役割について、橋本（2020）は次のように整理する。

　　複雑化した社会における「実践と理論の融合」は、学術の世界における重要課題の一つと考えられている。そこにおいて、学術界と産業界を結ぶ共通言語を提示できる実務家教員が中心的な役割を担うことは間違いないだろう（橋本 2020: 318）。

　また政策形成過程においては、特に2008年に制度化された教職大学院をめぐる議論のなかで、「理論と実践の融合」（ないし架橋、往還など[1]）に貢献することが、そうした教育機関に配置されるべき実務家教員の素養としてたびたび強調されてきた。また昨今でも、専門職大学設置基準の策定にあたって「企業等の現場の生きた知識、技能等を指導できる教員や、理論と実践の橋渡しを担う教員を確保していく必要がある」[2] ことが指摘されている。そうだとすると、前述した社会動向に鑑みても、理論と実践の両者に目を向けることは現在の専門職教育や実務家教員一般に共通するキーワードであると考えられる。

1.2　産業界における「理論と実践の融合」

　しかしながらここでは2つのことに留意すべきである。第1に、「理論と実践の融合」をめぐるこれまでの研究は、例えば学校教師による理論と実践の関係を「理論の実践化」（theory into practice）、「実践の典型化」（theory through practice）、「実践の中の理論」（theory in practice）の3種類に大別した佐藤（1998）による理論研究や、教職大学院の実務家教員による教育実践をめぐる木原ら（2021、2023）による一連の研究など、教師教育や教科教育を対象とするものに集中している[3]。こうした文脈で蓄積されてきた知見が広範な産業領域に横展開できるか否かは一考の余地があるだろう。

　第2に、知識基盤社会と実務家教員、そして実務家教員が共通して持つべき能力としての「理論と実践の融合」がセットで語られるようになったのは近年の動向であるところ、そうした状況にかかわらず、産業界で実務経験のある教員が高等教育機関において教鞭を執る事例はこれまでにも一般的だったということである。すなわち、従前から実務家教員として採用され、高等教育機関などに勤務する者は、知識基盤社会の到来とそれに伴う実務家教員政策の転換、あるいは「理論と実践の融合」への注目を事後的に経験しており、そうした場合、理念と実態との間に齟齬が生じている可能性が考えられるのである。言い換えれば、現に高等教育機関で教育研究活動に従事する教師教育・教科教育以外の専門性を持つ実務家教員が、実際に何を教えているのか、またそのなかで「理論と実践の融合」がどのように実現されているのか、といった事柄はこれまでほとんど検証されてこなかったといえる。

　そこで本稿では、産業界の実務家教員のなかでもその存在がよく知られ、かつ筆者の専門性からアクセスしやすい「マスメディア出身実務家教員」を取り上げ、その実態を探っていく。なお、本稿における「マスメディア出身実務家教員」の定義は、前述した法令上の定義を基礎として「マスメディア企業（主に新聞社・放送局・出版社）におけるおおむね 5 年以上の実務の経験を有する者」とした。

　ところで、実務家教員の実態については先行研究の蓄積がほとんど進んでいない。その原因は、とりもなおさずデータ収集の困難さにあったわけだが、2019 年 5 月に成立した「大学等における修学の支援に関する法律」と、それに基づき 2020 年 4 月から実施された「高等教育の修学支援新制度」（いわゆる「高等教育の無償化」）は、副次的にこうした状況の改善をもたらした。すなわち、同制度の機関要件において「実務経験のある教員等による授業科目」が「設置基準で定める卒業必要単位数又は授業時数」の 1 割以上配置されること[4]と、それに付随する資料たる「様式第 2 号の 1 -①」において「実務経験のある教員等による授業科目の一覧表」の公開方法を大学ウェブサイトなどに掲載することが求められた（文部科学省 2021: 12）のである。これにより、少なくとも各大学が「卒業必要単位数又は授業時数」にカウントする実務家教員による具体的な授業科目を取得することが従前に比してはるかに容易になったといえる。

　本稿の目的は、公開資料と（限定的な）インタビュー調査を基礎として収集した情報を、「どのような属性の実務家が」「どのような考えのもと」「どのようなことを教えているか」といった観点から分析することにより、教師教育・教科教育以外の専門性を持つ産業界出身の実務家教員、ここではマスメディア出身実務家教員による「理論と実践の融合」の現状と課題を明らかにすることにある[5]。

2 ．本稿の研究方法

　本稿の基礎となるデータは、2020 年 4 月時点で東北地方に所在する私立大学 33 校と関東地方に所在する大学院大学を除く私立大学 229 校を対象[6]とし、各大学のウェブサイトおよびウェブシラバスとウェブ検索により取得し

た[7]。データ取得のフローは図表2-1および以下の通りである。

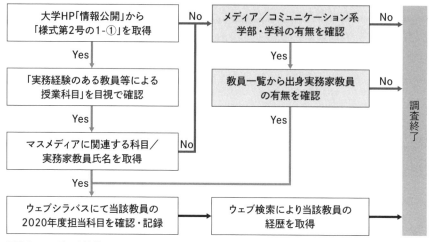

図表2-1　データ取得フロー

① 各大学ウェブサイト「情報公開」のページから、「様式第2号の1-①【(1) 実務経験のある教員等による授業科目の配置】」を取得し、「2.『実務経験のある教員等による授業科目』の一覧表の公表方法」を確認する。
② マスメディアに関連する科目および実務家教員氏名を抽出し、ウェブシラバスを用いて当該教員の2020年度担当科目をすべて記録する。
③ ウェブ検索により、当該教員の経歴を取得する。
④ メディア、コミュニケーションに関連する学部・学科を有する大学の場合、当該学部・学科に所属するすべての教員の経歴を取得し、前述の定義に当てはまる場合は②と③の作業を行う。

　なお、メディア系学部・学科、あるいはコミュニケーション系学部・学科に所属していないマスメディア出身実務家教員のうち、「業界での実務経験を有しているが、担当科目が『卒業必要単位数又は授業時数』にカウントされていない者」と「業界での実務経験を有しているが、研究者教員としてカウントされている者」については、そうした例は限定的であると考えられる

ものの、本稿の採用した方法ではデータを取得することができない。また、大学に勤務する実務家教員の実態を調査する趣旨から、本稿は「授業のなかで単発のゲスト講師として登壇した者」は算入せず、シラバスにおいて「担当教員」として登録されている者に限り調査対象とした。

　調査対象とした262校のなかで、「様式第２号の１-①」をウェブサイト上に公開している233校のうち、マスメディア出身実務家教員が授業を担当しているのは72校であり、152名の教員（のべ７名に兼任先あり）が785科目（うち講義471科目、演習や実習314科目）を担当していた。平均担当科目数は、専任教員が8.5科目、非常勤教員は1.7科目であった。取得したデータのうち、実務家教員の属性については、県域ごとの人数／出身業界／職種／実務家教員としての雇用形態／保有学位／男女別年齢階層といった観点から統計処理を施した。シラバスについては、取得科目数が莫大だったこともあり、授業内でマスメディア業界における「理論と実践の融合」が実現される可能性に鑑みて、471の講義科目から科目名称に「論」または「学」を含む168科目を抽出した。そのなかで、主に記者出身者が自身の専門性に応じて担当する「社会保障制度論」や「演劇論」といった科目を除した135科目（70名）を対象としてシラバスの内容を分析した。

　併せて、マスメディア出身実務家教員が「理論と実践の融合」なるものをどのように認識し、それをどのような観点から具体的な教育研究活動へ接続しているか事例を収集するため、2022年度時点で大学に勤務するテレビ局出身の実務家教員４名に対してオンラインでのインデプスインタビュー調査を実施した[8]。調査対象者の属性は図表２-２の通りである。なお、調査対象者はいずれも筆者の知己であり、必ずしも同分野の代表性が保証されるわ

対象者	性別・年代	学位	勤務形態	出身業界	業種	専門領域
A	女性・50代	博士	私大専任	地方局	アナウンサー	地域メディア
B	男性・60代	博士	私大専任	業界紙→地方局	記者	災害報道
C	男性・40代	博士	私大専任	地方局→独立	アナウンサー	メディアリテラシー
D	男性・40代	博士	私大専任	NHK→独立	技術・制作	映像制作

図表２-２　インタビュー調査の対象者

けではない。

3．調査結果と考察

3.1　基本的な属性

　初めに、県域ごとの人数や開講科目などの構成は図表2−3の通りであり、私立大学の集中する大都市を擁する都県にはマスメディア出身実務家教員も多く在籍していることが分かる。東京都と千葉県において実務家教員の担当する科目数が多いのは、両都県において複数の科目を担当する専任教員の数

	私大数	対象大学数	M出身者数	開設科目数	非常勤割合	女性割合
青森県	7	1	1	8	0%	0%
岩手県	4	1	1	12	0%	0%
宮城県	11	3	5	11	40%	0%
秋田県	3	1	1	1	100%	100%
山形県	3	0	0	0	0%	0%
福島県	5	1	3	3	100%	33%
東北計	33	7	11	35	55%	18%
茨城県	6	1	5	14	100%	0%
栃木県	8	2	7	34	29%	0%
群馬県	10	2	2	3	100%	0%
埼玉県	24	5	7	52	29%	43%
千葉県	27	7	20	157	40%	30%
神奈川県	29	6	18	37	67%	28%
東京都	125	42	89	453	52%	17%
関東計	229	65	148	750	52%	20%
合計	262	72	159	785	52%	19%

※兼任教員（のべ7名）を含む
※「M出身者数」は「マスメディア出身実務家教員数」を指す

図表2−3　県域ごとの人数構成・開設科目など

が多いためである。また、東北地方（18％）においても関東地方（20％）においても、女性実務家教員の割合は低いことが分かる。

　次に図表２-４から出身業界別の人数構成を見ると、新聞社・通信社（41％）、テレビ局（40％）、出版社（15％）となっており、おおむね全体の80％程度が新聞社とテレビ局の出身者で占められていることが分かる。職種に目を向けると、全体のほぼ半数が記者（45％）であり、次いでアナウンサー（16％）、制作（Ｐ・Ｄ[9]）（15％）の順に人数が多い。

　しかしながら、男女別の職種に注目すると異なる傾向が見えてくる。男性の場合は全体の職種構成比と大きく変わらないのに対し、女性では記者と制作（Ｐ・Ｄ）の割合が減少し、一方でアナウンサー出身者がほぼ半数を占めている。こうした実務家教員は、保育・幼児教育を学ぶ学部などにおいて、アナウンスや朗読の技術に関する授業を受け持っている例が見られる。な

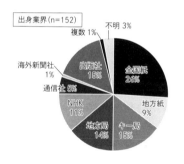

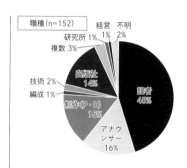

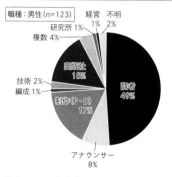

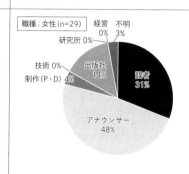

図表２-４　出身業界／職種／男女比

お、人数ベースで見ると「男性の記者」「男性の制作（P・D）」「男性の出版社」の順に多い。

　続いて図表2−5から、実務家教員としての雇用形態や保有学位を確認する。今回の調査対象者では、専任教員と非常勤教員の割合はおおむね同数であった。保有学位については、専任教員の場合には修士・博士の割合が高まるとはいえ、それでも半数以上が学士であることが分かる。非常勤教員の保有学位も同様に学士が半数を超えている。30％の非常勤教員については保有学位のデータを取得できなかったが、そのほとんどが記者出身者であることから、業界の傾向に鑑みるとその多くは学士保有者であることが推測される。

　実務家教員の人数を男女別年齢階層にまとめたもの（生年が取得できた者に限る）が図表2−6である。これによると、マスメディア出身実務家教員のボリュームゾーンは男性の55〜64歳であり、65歳を超えて大学に勤務す

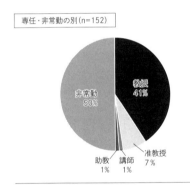

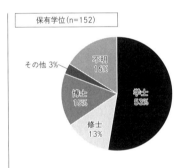

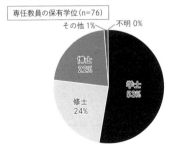

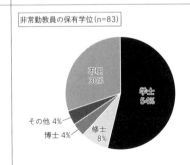

※兼任教員（のべ7名）を含む

図表2−5　実務家教員としての雇用形態／保有学位

る例も見られる。他方、女性の数はどの年齢層でも少ないことが分かる。

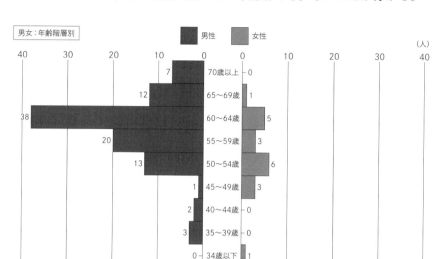

※生年不明者（男性28名・女性9名）を除く

図表2-6　男女別年齢階層

3.2　キャリアとしての「マスメディア出身実務家教員」

　ところで、マスメディア業界において「大学教員」というキャリアはどのように捉えられているのだろうか。インタビュー調査では、それが「現場で通用しない者の最終的なキャリア」あるいは「会社に違和感を抱いた場合の転職先」として認識されており、少なくとも「主流」とはいえない可能性が示された。また、調査対象者のCは「マスコミにいたから大学の先生になれる」と考える業界関係者が現在でも少なからず存在することを指摘する。

　本稿の調査対象者のうち、AとBは災害報道に取り組むなかでマスメディアと被災者（住民）との距離が遠すぎることに違和感を抱いたことから、またCとDは情報環境や景況の変化を実感したことから、所属組織の外に突破口を求めて学術界に飛び込んだ経緯がある。調査対象者にこうした共通点があることは筆者の専門性や交友範囲に起因する偏りかもしれないが、少なくとも4名において業界への違和感や業界の閉塞感が共有されていることは興味深い。また、インタビュー調査からは、マスメディア業界において、学ぶ

ことが評価されない／学ぶ時間がない／学ぶことが日常業務の妨げになると
さえ考えられている状況が確認された。

> 分かりやすく言うと、私が修士号を取って帰ってきても博士号を取って
> も、会社から何も評価されないわけですよ。【中略】やっぱりちゃんと
> 学位を取ったらそれなりに評価されるっていうのが普通なのに、なんか
> 現場でそういうのすごく軽視してるんですよね。（A）

> まあ極端に言うと「【ニュースが】あと50秒足りない」となっている状
> 況で、俺が例えば全然違った研究の本を読んでたらみんなどう思うかで
> すよね。現実的には「時間があって本読んでるぐらいだったら手伝って
> くれない？」って言いたくなると思うんですよね。（B）

> みんなその日の仕事をこなすので精一杯なのに、それ以外に時間をかけ
> るってことは無理でしょうね。【現場がメディアリテラシーの学びを】
> やるとしたら不祥事を起こした時でしょうね。【中略】「なんでわざわざ
> 自分たちの首を絞めるようなことをやらなきゃいけないの」っていうこ
> とをいくつかの局の人に言われましたね。（C）

　こうした事情が日々の放送や紙面を充足させることを至上命題と捉えるマ
スメディア業界に特有のものなのか、あるいはその他の産業領域にもある程
度共通のものなのかは本稿の射程を越える議論ではあるが、少なくとも従業
員が「学び直し」に取り組むことにポジティブな印象が持たれない業界にお
いて、優れた実務家教員が多く輩出されるということは考えづらいだろう。

3.3　理論・業界論・技法

　授業科目に「論」または「学」のつく科目、すなわち「理論と実践の融合」
が提供される可能性が高い科目を担当する教員の属性をまとめたのが図表2
−7である。出身業界や職種については図表2−4の傾向と大きく変化するも
のではないが、図表2−5と比べると、専任教員および修士・博士の割合が
やや大きくなっている。「論」および「学」のつく科目を担当する教員に専

任教員と修士・博士保有者が多いという事実は、図表2-6と併せると「実務家として活躍したのち引退し、学位を取得して大学教員になった者がこうした授業を受け持っている」という構造を想起させる。

そして、各教員が実際に担当する授業科目のシラバスを内容からカテゴライズした結果が図表2-8である。このように整理することは、知識基盤社会において実務家教員に期待される役割が実態としてどのように果たされているか検証するための足がかりとなる。

マスメディア出身実務家教員が担当する科目のうち、「論」または「学」が付されるものは、大きく「理論」「業界論」「技法」に分類できる。「業界論」はさらに、情報社会や地域情報について扱う「社会論」、メディア産業やクリエイティブ産業といったやや大きな文脈の「産業論」、各業種に対応した「個別の業界論」、業界内の文化を扱う「文化論」に分類される。これらのカテゴリーでは主に、教員自身の経験に業界史を加えた内容が教授され

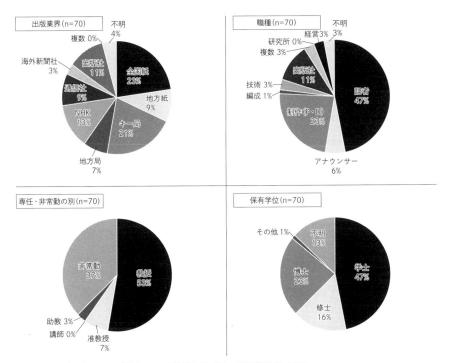

図表2-7 「論」または「学」のつく科目を受け持つ実務家教員の属性

カテゴリー①	カテゴリー②	科目数	科目名の例
理　論	（マス）メディア論	19	メディア論／マスメディア論／スポーツマスメディア概論／新聞メディア論／放送メディア論／ニュースメディア論／地域メディア論／パブリックメディア論／グローバルメディア論／映像メディア論 etc.
	（マス）コミュニケーション論	19	マスコミ論／マスコミ学応用／マスコミ学基礎／マスコミュニケーション論／グローバルコミュニケーション論1／コミュニケーション論 etc.
	ジャーナリズム論	28	ジャーナリズム論／新聞ジャーナリズム論／マスメディアジャーナリズム理論／映像ジャーナリズム論01／ジャーナリズム論Ⅱ（メディアリテラシー）／スポーツジャーナリズム論／調査報道論／雑誌ジャーナリズム論／災害報道論／国際報道論Ⅰ／マスコミジャーナリズム論／現代社会とジャーナリズム概論／報道現場論01 etc.
業界論	社会論	4	メディア社会概論／情報社会論／地域情報論／ニュースの社会学3
	産業論	10	メディア産業論／クリエイティブ産業論／コンテンツ産業論／メディアビジネス論／メディア経営論／エンタテインメント構造論Ⅰ etc.
	個別の業界論	11	放送論／出版学／新聞学／メディア論C（新聞論）etc.
	文化論	13	映像文化論／メディア文化論Ⅰ／出版文化論1／放送・マスコミ文化論／放送文化論／テレビ文化論 etc.
技　法	コンテンツ／プロデュース論	7	メディアプロデュース論／コンテンツマーケティング論／映像プロデュース論／映像コンテンツ論／音楽音声コンテンツ論Ⅰ／音楽音声コンテンツ論Ⅱ／メディアプロデュース論
	制作論	24	テレビ制作論Ⅱ／先端メディア学Ⅰ（先端映像クリエイション）／メディア表現論Ⅰ／映像表現論／ドキュメンタリー論／スポーツ・ライター、キャスター論Ⅱ／情報番組制作論Ⅰ／文章論／番組編成論／放送技術概論／デザイン概論／映画・映像論／編集論／編集工学／アナウンス論／リポーター論 etc.

図表2-8　マスメディア出身実務家教員の担当科目

ている。「技法」は「コンテンツ／プロデュース論」と「制作論」に分類され、いずれも教員の有する「テクニック」の体系化と位置づけられる。こうした授業は、主に学部名に「メディア」や「コミュニケーション」と付される大学において開講される事例が多く見られた。

　注目すべきは「理論」のカテゴリーであり、これはさらに「（マス）メディア論」「（マス）コミュニケーション論」「ジャーナリズム論」に細分化できる。こうした授業はシラバスに示されている限り、教科書的な内容に自らの実務経験を融合させつつ教授しているように見受けられることから、ここにおいて「理論と実践の融合」が実現されていると考えられる。ただし、シラバスの記載だけでは具体的な内容まで同定することは叶わなかった。これについては、各大学においてシラバスのフォーマットやそれに求める水準が異なる以上やむを得ない部分もあるため、方法論を含めて今後の課題としたい。

3.4　マスメディア出身実務家教員による「理論と実践の融合」

　前節の通り、公開情報を基礎とした調査では「理論と実践の融合」の実態に迫ることはできなかった。そこでインタビュー調査では、マスメディア出身実務家教員がそもそも「理論と実践の融合」という言葉をどのように解釈し、それをどのように具体的な教育研究実践に接続しているかを尋ねた。なお、4者はそれぞれ図表2-8でいう「理論」に該当する科目を担当している。まず、率直に同概念をどのように解釈しているかを確認したところ、図表2-9の通り回答が得られた。

　いずれも博士の学位を有している4者に共通するのは、「理論」を実務の思考様式や感覚を俯瞰し、それを歴史や知識体系のなかに位置づけるための根拠として捉えていることである。したがって、ここではいわゆる「○○学

対象者	具体的なイメージ
A	現場の思考力 ＋ 現場での実践の前提となる技術・技法、法令・理論の知識
B	現場の「勘」 ＋ コミュニケーション理論
C	意識したことはない
D	映像製作技法 ＋ 歴史や文化、理論などの潮流

図表2-9　「理論と実践の融合」のイメージ

の理論」のほかに、歴史や法令といった要素もその範疇に含まれることになる。BやDはこのような「大学でしかできない『立ち止まる学び』」の重要性を強調する。

　そしてこうした「理論と実践の融合」がどのように自身の教育研究実践のなかで現れているか、Bは自身の経験を次のように述懐する。

　　前は反発してましたね。【理論と実践の融合は】無理だろうと。ただ、普遍的な理論とか普遍的な法則というのがだんだん分かってきたので、それを現場に落とし込んで、現場のこういう技術というのはこういうことだよね、というのが説明できるようになりました。（B）

　一方、実務経験の延長にない分野を教育研究領域とするCは必ずしもそれを意識したことがないという。

　　メディアリテラシーとかメディア論というのはあまり、放送局の経験を生かしてできるのかというとそうではないので、まあやっぱり担当している科目がそうだから、多分今みたいな考え方なのかなと思います。（C）

　ここで重要なのは、「担当する科目次第でこうした意識が変わる可能性がある」ということではないだろうか。実際のところ、Dは受け持っている授業において行う教育実践に「理論と実践の融合」に通じる萌芽を見いだしている。

　　【教育の場で】コミュニティチャンネルをやってるわけです。大学で実践しながら逆に理論が現場で回るかとか色々できるわけじゃないですか。その辺を教育も絡めてできるんじゃないかなって思って。【中略】それはまさに理論を実践や教育に戻す、みたいな。（D）

　こうした発話からは次の可能性が見えてくる。すなわち、マスメディア出身実務家教員は必ずしも初めから「理論と実践の融合」あるいは「自身の実

務経験が理論と融合された状態」の具体的なイメージを有しているわけではなく、「教育研究活動を継続するなかで徐々に自身の実務経験を俯瞰できるようになり、結果として『融合』自体に関心を持ち、その具体的なありようを見いだしていく」ということである。このことは一方では、教職大学院をはじめ「理論と実践の融合」がカリキュラムの前提となっている専門職大学院を修了せずとも、こうした価値が産業領域において実現され得る可能性を示唆しているが、他方では「実務家教員が自身の知の位置づけを理解できなければ『融合』はあり得ない」ことを示している。本稿の調査対象者はいずれも博士の学位を有しており、すなわち全員が専門領域の知識体系を身体化している者であるため、そのことがこうした発話の前提となっている可能性は排除できないだろう。

　なお、4者からは「理論と実践の融合」の妨げとなっている現在直面する課題についても意見が寄せられた。とりわけBやDによれば、教育や校務（学務）の負担が過大であることにより、理論のインプットや実践知のアップデートといった「融合」に不可欠な行動が制限されているという。これからの高等教育機関が本格的に実務家教員による「理論と実践の融合」に向き合っていくのであれば、こうした訴えを無視するわけにはいかないだろう。

4．結論

4.1　知識基盤社会とマスメディア出身実務家教員

　公開情報を基礎とした分析とインタビュー調査から、マスメディア出身実務家教員について以下の事柄が明らかになった。

　第1に、現在大学に勤務するマスメディア出身実務家教員は約半数が非常勤講師であり、かつその半数以上の保有学位は学士である。このことは、「産業界と学術界を往還する」という実務家教員の趣旨と整合するものといえるが、東北地方と関東地方の比較からは、教員数および授業数の地域間格差が極めて大きいことが明らかになった。これは大学の大都市集積とキー局・全国紙の所在地域に鑑みれば妥当な結果ではあるが、「2040年に向けた高等教育のグランドデザイン（答申）」に示されるように、「それぞれの地域において、高等教育機関が産業界や地方公共団体を巻き込んで、それぞれの

　将来像となる地域の高等教育のグランドデザインが議論されるべき」（中央教育審議会 2018: 40）なのであれば、地域社会のインフラたる民放地方テレビ局や地方新聞社との人材交流をこれまで以上に図るなど、地方の大学にはさらなる創意工夫が求められるだろう。

　第2に、153名の教員のうち新聞社・通信社・放送局の出身者が全体の約80％を占めており、人数ベースでは「男性・記者」「男性・制作（P・D）」「男性・出版社」の順に多いことが明らかになった。民放労連女性協議会（2021）の調査によれば、女性役員のいない民放テレビ局は127社中91社で、在京・在阪局では制作部門の責任者に女性が一人もいないことが明らかになっており（民放労連 2021）、新聞社や出版社においても同様の傾向が示されている（日本マスコミ文化情報労組会議 2020）。これはすなわち、大学教育の場で教鞭を執る女性のマスメディア出身実務家教員が構造的に不足し、そのために大学生が女性記者や女性制作者のロールモデルに学ぶ機会を喪失するという悪循環の存在を示している。無論こうした状況は、「性別や年齢を問わず参画することが促進される」という知識基盤社会の趣旨に沿うものとはいえないが、同時に「業界の構造が変容しない限り、マスメディア出身実務家教員の構成も変化し得ない」ことをも示唆している。

　第3に、「55歳から64歳の男性がマスメディア出身実務家教員のボリュームゾーンである」という事実は、マスメディア従業員にとって大学教員があくまでもセカンドキャリアとして選択されるものであると認識されており、かつ「理論と実践の融合」の趣旨が共有されていない可能性を示唆している。他方、マスメディア業界の多忙さに鑑みると、そもそも現場の優秀な従業員が大学で教鞭を執り、「理論と実践の融合」に貢献することが現実的に可能なのか（また、なぜそれをしなければいけないのか）という疑問が浮かぶことは想像に難くない。近年では現役の従業員がいわゆる「出前授業」に参画する事例も増えてはいるものの、それが知識基盤社会における実務家教員に求められる役割を果たし得るものか議論の余地がある。そうだとすると、上記の趣旨を納得してもらうための政策的なコミュニケーションや、「学び直し」や副業に取り組みやすい環境の整備など、政策側・産業界・学術界それぞれに取り組むべき事柄があるのではないか。もちろん、インタビュー調査によって得られた業界の「学び直しへの期待のなさ」は、優先的

に解消せねばならない課題として位置づけられる。

4.2　今後の展望

　本稿では産業界の実務家教員による「理論と実践の融合」の実情について検討するための端緒として「マスメディア出身実務家教員」を対象に調査を行い、少なからずその複雑さに触れることができた。とりわけ調査対象者が「教育研究活動を継続するなかで徐々に自身の実務経験を俯瞰できるようになり、結果として『融合』自体に関心を持ち、その具体的なありようを見いだしていく」というプロセスで「理論と実践の融合」と向き合っていることは、興味深い事例であると考える。

　もちろん本稿の知見は本書発行当時のマスメディア業界に特有のものであり、業界や業種ごとの特性、さらには時代に応じて実務家教員の抱える課題がさまざまに異なることは明確であるものの、例えば前節で述べたことは、多かれ少なかれ他の産業領域にも共通している可能性がある。本稿における成果の1つは、「様式第2号の1-①」を端緒とした実務家教員の実態調査に関する具体的な方法を提示し、一定の成果を得たことにある。いかなる形であれ、実務家教員の実態調査が進むことは望ましいことであり、今後それぞれの産業分野で実態調査が進展することを期待する。

　そして、各分野において「理論と実践の融合」の実情や可能性が明らかになれば、研究者教員による教育研究実践との比較を通じて、各分野における実務家教員と研究者教員の連携によるカリキュラムのあり方を検討するための道も開ける。それは従来のような「理論は研究者教員、実技は実務家教員」といった近視眼的な教育課程を克服する契機となるだろう。実務家教員と研究者教員が共に教育課程を議論するための素地を整えることは、メディア分野に限らず、知識基盤社会における高等教育にとって核心的な要素の1つといえる。

　もちろん、実務家教員をめぐる政策もまた、各領域の実情に即したものが展開されなければならない。少なくとも網羅的な政策形成の限界を自覚し、多様な産業分野出身の実務家教員において、各自の「理論と実践の融合」の価値が最大化されるためにどのような制度が適切か、個別具体的な検討に移行する時期が来ているのではないか。

謝辞

　本稿の一部には、社会情報学会 2022年度 若手研究助成「マスメディア出身実務家教員による『実践と理論の融合』の現在地」（研究代表者：橋本純次）による研究成果が含まれる。

注

1）CiNii Research に登録されている論考を網羅的に確認すると、後段の「融合」については架橋・往還・橋渡し・統合など多様な表記揺れが存在するが、いずれも明確な基準のもと使い分けられているわけではない。前段の「理論と実践の〜」については「実践と理論の〜」や「理論と実務の〜」といったいくつかのパターンがあり、法学系のテーマであれば「実践」ではなく「実務」が用いられる場合が多いといった大まかな傾向が見られる。本稿ではとくに理由がない限り用語を「理論と実践の融合」に統一する。
2）第193回国会 衆議院文部科学委員会 第12号 2017年4月21日，常磐豊氏の発言。
3）そのほか、理論と実践の距離が近い看護業界でも「中範囲理論」をはじめとする「実践知の理論化」がその方法論とともに探究されてきたが、それらの応用可能性もまた（もちろん当然であり望ましいことでもあるが）看護実践のコンテクストに限られる。
4）大学等における修学の支援に関する法律施行規則 第2条 第1項
5）本稿は橋本（2021）を加筆・修正したものである。
6）文部科学省ウェブサイト（https://www.mext.go.jp/b_menu/link/daigaku4.htm）より取得（2021年3月1日閲覧）。
7）取得した具体的なデータは「教員氏名」「生年」「性別」「出身業界」「出身組織名」「職種」「常勤・非常勤の別」「職階」「所属学部等」「保有学位」「担当科目名」「開設学部」「講義・演習の別」「シラバス」であり、得られたデータは表計算ソフト上で整理した。取得できなかったデータがある場合には、本文中にその旨適宜付言する。
8）インタビュー調査は2022年6月に実施され、所要時間はいずれも90分程度だった。同調査は社会構想大学院大学 倫理審査委員会による審査・承認を受けて実施した（第2022-005号）。
9）P・D：プロデューサー・ディレクター

参考文献
中央教育審議会（2005）「我が国の高等教育の将来像（答申）」
中央教育審議会（2018）「2040年に向けた高等教育のグランドデザイン（答申）」
橋本純次（2020）「学術界と産業界を架橋する実務家教員養成のあり方」実務家教員COEプロジェクト編『実務家教員への招待 —— 人生100年時代の「知」の創造』社会情報大学院大学出版部，312-341
橋本純次（2021）「知識基盤社会の大学教育におけるマスメディア出身実務家教員の現状と課題」『社会構想研究』3 (1) : 35-42
川山竜二（2020）「実務家教員とは何か」実務家教員COEプロジェクト編『実務家教員への招待 —— 人生100年時代の「知」の創造』社会情報大学院大学出版部，16-53

木原俊行・小柳和喜雄・野中陽一（2021）「教職大学院実務家教員による教育実践研究の実態
　　── 教師教育者としての取り組みに注目して」『日本教育工学会論文誌』45 (2) : 235-245
木原俊行・小柳和喜雄・野中陽一（2023）「異なる教職大学院に属する実務家教員の交流プロ
　　グラムの開発」『日本教育工学会論文誌』46 (Suppl.) : 177-180 など。
民放労連女性協議会（2021）「全国・在京・在阪 民放テレビ局の女性割合調査 結果報告
　　（2021/5/24）」
文部科学省（2021）「機関要件の確認事務に関する指針（2021年度版）」
内閣府（2021）「科学技術・イノベーション基本計画」
日本マスコミ文化情報労組会議（2020）「メディアの女性管理職割合調査の結果について」
佐藤学（1998）「教師の実践的思考の中の心理学」佐伯胖ほか『心理学と教育実践の間で』東
　　京大学出版会．9-55

第3章

実務家教員に対する質問紙調査

1.「大学における実務教育に関する全国調査」

1.1　調査実施の問題点と概要

　大学教員を対象とする質問紙調査はこれまで数多く実施されてきた。近年では、オンライン形式での授業の実施状況やその評価について全国の教員に対して尋ねたり（両角ほか 2022）、特定の大学の教員に対して尋ねたりすることが行われている（沖 2022）。また、ゼミナール方式の授業についての課題を尋ねるもの（伏木田 2021）、いわゆるボーダーフリー大学における教育全般の課題について尋ねるものなど（葛城 2020）、それぞれの研究課題に即した調査とその分析が進められてきた。また、一部の実務家教員を対象とした聞き取り調査の結果の分析も行われている（二宮 2023）。しかしながら、学士課程教育を担う実務家教員に焦点を絞った質問紙調査はあまり行われていない。

　そこで、実務家教員のキャリアや教育実践に関する意識を把握するための質問紙調査（ウェブ調査）を企画した。まず、前提として実務家教員とそうではない教員との比較が可能である設計が必要であった。両者を比べることによって、初めて実務家教員の特徴がわかるためである。そのうえで、次の6つの問題に直面した。

　第1に、学問分野横断的に全国すべての実務家教員の特徴について検討するのであれば、ランダム・サンプリングを行う標本調査の形式をとることが望ましいものの、その場合には回答者に占める実務家教員の割合がかなり低くなることである。クォータ・サンプリングを利用して実務家教員の割合が一定になるようにすると有意抽出となってしまう。そこで、標本調査を諦めたうえで全数調査の可能性を探った。

　第2に、専任教員だけでも約19万人が対象となってしまい、調査実施は現実的ではないことである。そのため、学問分野を限定することにした。

　第3に、学問分野の選定についてである。回答依頼の宛先リストを作成する都合上、学部または学科単位で学問分野を決めなければならない。というのも、たとえば観光論を専門分野とする教員は、観光学部だけではなく経営学部、文学部、教養学部にもいる可能性があるものの、それらの教員を個人単位で宛先リストに加えていくことは困難なためである。学部または学科として1つの学問分野がまとまっていて、かつ、学士課程でありながらも、専門職大学院のように3割以上、あるいは、4割以上が実務家教員であると想定される分野を検討した。複数の大学の学部・学科ウェブサイトの教員一覧を比較して、観光論、メディア論、ファッション論、スポーツマネジメント論の4分野はその条件を満たすであろうと見なした。これらは近年実務家教員が増えたと見込まれる人文社会系の分野であり、事例と位置づけて対象とすることにした。調査対象者は、2021年10月時点で全国の四年制大学における当該4分野に相当する学部・学科のウェブサイトに掲載されていた、学士課程教育を担っていると想定される専任の所属教員すべてである。たとえば、観光論は経営学部観光経営学科、環境ツーリズム学部環境ツーリズム学科、メディア論は文芸学部マスコミュニケーション学科、芸術学部放送学科、ファッション論は家政学部被服学科、学芸学部化粧ファッション学科、スポーツマネジメント論は体育学部スポーツ・レジャーマネジメント学科、経営学部スポーツ経営学科などである。

　第4に、さらに宛先リストを作成することについての困難があった。文部科学省は全国の大学の教員一覧を公開しているわけではない。そこで、学部・学科の内容を細かく選択して一覧表示できる「ナレッジステーション―日本の大学」というウェブサイト（https://www.gakkou.net/daigaku/）を利用して、まず大学のリストを作成した。その次に、その大学のウェブサイトの教員一覧から教員の個人名を探してリスト化した。

　第5に、第3の課題と表裏の関連にあることとして、学部・学科の専門分野と教員が経験した実務の分野が一致しないことや、その学部・学科へ外国語や体育など主として教養教育を担当する教員が所属している場合についてである。しかし、これらについては当該学部・学科の教育を担っているという理由によって、すべて調査の対象としている。

　第6に、実務家教員の定義が難しいことである。その学部・学科の教育内

容に即した実務の経験があること、それとは異なる実務の経験があること、シラバスなどに実務経験者という記載があること、実務家教員であるという自己認識があること、これらは必ずしも同一のことではない。そこで、この調査では実務家教員であるかどうかを直接的に尋ねることを避ける方針にした。これらの問題を解決した上で、2022年2月から2022年5月まで「大学における実務教育に関する全国調査」という質問紙調査（ウェブ調査）を実施した。

　実務経験の有無、その期間や内容にかかわらず回答の協力を依頼する文章を郵便で送付した。回答はウェブサイトを通じて行われた。観光論671名、メディア論851名、ファッション論242名、スポーツマネジメント論819名、合計2,583名へ依頼し、500名から回答を得た[1]。尋ねたことは現在の雇用状況、大学での仕事内容、大学以外の職場での仕事経験、担当する授業と経験した実務との関係、大学に関する考え方である。以下の分析においては、実務家教員を「これまで大学以外の職場で正規従業員（正社員など）としてお勤めになったことはありますか」という設問に対して「はい」と回答した層と操作的に定義し、「いいえ」と回答した層を実務家教員ではないという意味でアカデミズム教員とする。この定義における実務家教員は295名、アカデミズム教員は202名であり、無回答が3名であった。

1.2　回答者の基本的な属性

　回答者の年齢、大学（学部）での専門分野、大学院修士課程（博士前期課程、専門職学位課程を含む）の修了有無、大学院博士課程（博士後期課程）の在籍経験有無、博士号の取得有無は次の通りである。

　実務家教員では、年齢は40歳未満10.5%、40歳以上50歳未満17.6%、50歳以上60歳未満30.2%、60歳以上41.7%であった。大学（学部）での専門分野は人文科学系26.3%、社会科学系36.9%、自然科学系21.5%、教員養成系10.6%、その他の分野4.1%、卒業していない0.7%であった。大学院修士課程の修了者は69.4%、大学院博士課程の在籍経験者は47.4%、博士号の取得者は35.9%であった。博士課程の修了者や博士号の取得者の割合は当初の想定よりも高く、研究を行った経験を持つ回答者が多いようである。

　他方、アカデミズム教員では、年齢は40歳未満32.7%、40歳以上50歳未

満29.2％、50歳以上60歳未満21.3％、60歳以上16.8％であった。実務の経験がないために実務家教員に比べて若い層が回答している。大学（学部）での専門分野は人文科学系34.3％、社会科学系25.9％、自然科学系17.4％、教員養成系15.4％、その他の分野7.0％、卒業していない0.0％であった。大学院修士課程の修了者は93.1％、大学院博士課程の在籍経験者は67.7％、博士号の取得者は49.7％であった。

　また、勤務している大学の設置者と任期の定めの有無については次の通りである。実務家教員では国公立大学7.1％、私立大学92.9％であり、任期については定めのない雇用60.1％、定めのある雇用38.0％、わからない2.0％であった。アカデミズム教員では国公立大学7.1％、私立大学92.9％であり、任期について定めのない雇用67.3％、定めのある雇用31.2％、わからない1.5％であった。設置者と任期の定めについて、実務家教員とアカデミズム教員に大きな差異はない。

	観光論	メディア論	ファッション論	スポーツマネジメント論
記者職	1.0	15.1	3.3	3.8
デザイナー職	1.0	1.4	26.7	0.0
トレーナー職	0.0	1.4	3.3	5.0
研究職	18.6	11.0	23.3	10.0
医療関係職	0.0	1.4	3.3	11.3
事務職	23.7	16.4	0.0	16.3
営業・販売職	21.6	8.2	10.0	10.0
サービス職	14.4	6.8	3.3	2.5
専門学校講師	5.2	2.7	3.3	6.3
学校教諭	5.2	11.0	6.7	25.0
その他	9.3	24.7	16.7	10.0
n	97	73	30	80

図表3-1　実務家教員としての入職前の最長勤務職種（％）

　図表 3-1 は実務家教員による回答に関して、教員になる前に最も長い期間勤めた職種を分野ごとに示したものである。なお、分野を「その他」と回答した者を除いていて以下のデータも同様とする。観光論では事務職、営業・販売職、メディア論ではその他、ファッション論ではデザイナー職、研究職、スポーツマネジメント論では学校教諭の割合がそれぞれ高い。メディア論の「その他」に関して自由記述欄に記入されている具体的な内容は、テレビ番組制作、広告制作、編集者、メディア技術者などであった。

2.　回答の集計データ

2.1　採用に至る経緯

　図表 3-2 は所属する大学へ勤めるきっかけ（経路）について最も重要だったことについて、分野ごとに示したものである。どの分野においても、実務家教員とアカデミズム教員とで重要であることの割合にあまり違いはない。むしろ、分野間に違いがあって、ファッション論とスポーツマネジメントで「ご所属の大学関係者からの紹介」の割合が他分野に比べて高い。観光論とメディア論では大学関係者からの紹介は過半数を占める一方で、「JREC-IN Portal における教員公募情報」の割合が相対的に高い。JREC-IN Portal とは科学技術振興機構が運営するウェブサイトであり、大学教員の公募情報を掲載したり、求人側の大学と求職者とのマッチングを行うサービスを提供したりしている。アカデミズム教員が大学などでの仕事を探す際に利用してきたウェブサイトが実務家教員の候補者によっても利用されていることがわかる。

　図表 3-3 は所属する大学から採用された理由の自己認識を尋ねる設問に対して、「1．まったくそう思わない」「2．あまりそう思わない」「3．ややそう思う」「4．とてもそう思う」という選択肢から、「3．ややそう思う」「4．とてもそう思う」を選んで回答した割合の合計を示したものである。分野を問わず「H．学生を社会人として育てる力量があるから」「J．大学外の関係者と協働する力量があるから」について、肯定的な回答をする割合が相対的に高いのは実務家教員である。他方、「B．大学教育の実績（授業経験など）があるから」「G．学生の学習を支援する力量があるから」につ

いては、実務家教員とアカデミズム教員とで大きな差はない。また、所属する大学へ勤めるきっかけ（経路）と同様に分野ごとの特徴もある。ファッション論において、「Ｆ．その大学（学部）または大学院の出身だから」が実務家教員、アカデミズム教員共にほかの分野に比べて高い割合を示していて、また、「Ｉ．組織の管理運営に関する力量があるから」について、とりわけ実務家教員でその割合が低くなっている。スポーツマネジメント論の実務家教員は他分野に比べて「Ｃ．企業内教育の実績があるから」の割合が低く、「Ｄ．社会貢献活動の実績があるから」の割合が高い。

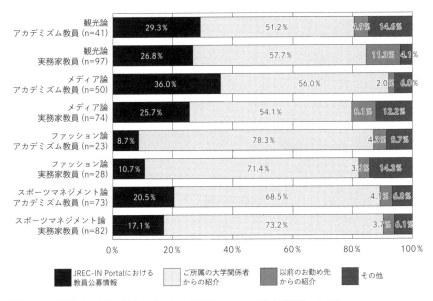

図表３-２　所属する大学へ勤めるきっかけ（経路）について最も重要だったこと

	観光論		メディア論		ファッション論		スポーツマネジメント論	
	アカデミズム教員	実務家教員	アカデミズム教員	実務家教員	アカデミズム教員	実務家教員	アカデミズム教員	実務家教員
A. 研究の実績があるから	92.7	63.3	80.0	68.9	52.0	51.7	67.1	51.9
B. 大学教育の実績（授業経験など）があるから	65.9	61.2	64.0	64.9	36.0	44.8	65.8	54.3
C. 企業内教育の実績があるから	12.2	39.8	10.0	31.1	4.0	44.8	4.1	18.5
D. 社会貢献活動の実績があるから	39.0	41.8	22.0	39.2	16.0	37.9	37.0	69.1
E. 実務の経験（企業や官公庁などでの仕事経験）があるから	17.1	81.6	24.0	74.3	12.0	82.8	17.8	67.9
F. その大学（学部）または大学院の出身だから	2.4	10.2	14.0	13.5	52.0	27.6	16.4	12.3
G. 学生の学習を支援する力量があるから	61.0	62.2	68.0	67.6	60.0	51.7	56.2	59.3
H. 学生を社会人として育てる力量があるから	43.9	66.3	40.0	62.2	36.0	41.4	43.8	65.4
I. 組織の管理運営に関する力量があるから	31.7	58.2	32.0	39.2	24.0	17.2	28.8	37.0
J. 大学外の関係者と協働する力量があるから	51.2	69.4	32.0	64.9	36.0	58.6	50.7	65.4
n	41	98	50	74	25	29	73	81

図表3-3　所属する大学から採用された理由の自己認識（ややそう思う＋とてもそう思う）（%）

2.2　現在の仕事

　図表3-4は、1年間のすべての仕事量に占める教育と研究のそれぞれの割合について、それぞれ5割以上になるケースの場合を示したものである。「A．教育」についてどの分野においても実務家教員とアカデミズム教員との間にあまり差はない。おおむね3～4割程度の回答者が仕事のうち半数以上を教育が占めるとしている。「B．研究」も同様に実務家教員とアカデミズム教員とで顕著な差はない。アカデミズム教員であっても研究が半数以上という回答者は極めて少数派である。

　図表3-5は担当する授業で学生が行うことを尋ねる設問に対して、「1．まったく実施しない」「2．あまり実施しない」「3．ときどき実施する」「4．よく実施する」という選択肢から、「3．ときどき実施する」「4．よく実施する」を選んで回答した割合の合計を専門教育と教養教育という授業科目区分ごとに示したものである（その授業科目を担当していない場合は回答していない）。この設問は教室内で教員が資料提示、板書、口頭などによって学生に対して知識の伝達を行う従来型の授業ではない、学生が知識の獲得を進めるために活動する内容の頻度を明らかにするものである。教養教育ではどの分野も「F．学生が問題解決型学習を行う」について実務家教員の実施頻度が高い。また、スポーツマネジメント論を除いて「A．学生が試験問題を解く（資格試験過去問など）」も実務家教員の実施頻度が高い。専門教育では実務家教員とアカデミズム教員とで際立った違いがあるというわけではない。

		観光論		メディア論		ファッション論		スポーツマネジメント論	
		アカデミズム教員	実務家教員	アカデミズム教員	実務家教員	アカデミズム教員	実務家教員	アカデミズム教員	実務家教員
A．教育5/10以上		31.7	40.8	44.0	45.9	36.0	37.9	37.8	34.1
B．研究5/10以上		0.0	6.1	8.0	1.4	0.0	3.4	2.7	1.2
	n	41	98	50	74	25	29	74	82

図表3-4　1年間のすべての仕事量を10とした場合における教育と研究のそれぞれが5以上になるケース（％）

		観光論		メディア論		ファッション論		スポーツマネジメント論	
		アカデミズム教員	実務家教員	アカデミズム教員	実務家教員	アカデミズム教員	実務家教員	アカデミズム教員	実務家教員
教養教育	A. 学生が練習問題を解く（資格試験過去問等）	30.3	41.1	18.5	43.5	14.3	30.8	51.0	36.8
	B. 学生が論文を読む	36.4	52.1	51.9	45.7	28.6	46.2	61.2	54.4
	C. 学生がプレゼンテーションを行う	72.7	93.2	77.8	82.6	57.1	92.3	79.6	73.7
	D. 学生がグループワークを行う	72.7	82.2	74.1	73.9	57.1	92.3	73.5	68.4
	E. 学生がフィールドワークを行う	48.5	57.5	40.7	45.7	28.6	38.5	42.9	38.6
	F. 学生が問題解決型学習を行う	51.5	71.2	51.9	67.4	42.9	92.3	57.1	61.4
	G. 学生がアンケート調査を行う	33.3	30.1	22.2	23.9	14.3	38.5	38.8	35.1
	n	33	73	27	46	7	13	49	57
専門教育	A. 学生が練習問題を解く（資格試験過去問等）	34.2	41.5	22.4	32.4	45.5	40.7	48.5	49.4
	B. 学生が論文を読む	65.8	74.5	63.3	67.6	50.0	44.4	78.8	76.5
	C. 学生がプレゼンテーションを行う	97.4	91.5	93.9	93.0	95.5	92.6	83.3	86.4

専門教育	D. 学生がグループワークを行う	94.7	84.0	85.7	93.0	81.8	88.9	80.3	86.4
	E. 学生がフィールドワークを行う	71.1	76.6	51.0	62.0	45.5	59.3	40.9	55.6
	F. 学生が問題解決型学習を行う	78.9	85.1	65.3	76.1	63.6	74.1	69.7	79.0
	G. 学生がアンケート調査を行う	50.0	53.2	38.8	46.5	54.5	48.1	50.0	50.6
	n	38	94	49	71	22	27	66	81

図表3-5　授業科目区分別担当する授業で学生が行うこと（ときどき実施する＋よく実施する）（%）

	観光論		メディア論		ファッション論		スポーツマネジメント論	
	アカデミズム教員	実務家教員	アカデミズム教員	実務家教員	アカデミズム教員	実務家教員	アカデミズム教員	実務家教員
A. 学生が知識を習得する	95.1	89.7	91.8	91.8	100.0	93.1	94.6	95.1
B. 学生が技術・技能を習得する	75.6	73.2	85.7	90.4	96.0	96.6	93.2	84.1
C. 学生が授業内容への関心を高める	95.1	94.8	98.0	95.9	100.0	100.0	100.0	95.1
D. 学生が学習全般に対して意欲を高める	95.1	92.8	85.7	94.5	92.0	96.6	94.6	92.7
E. 学生が社会人として必要な態度を形成する	82.9	86.6	63.3	78.1	80.0	100.0	91.9	91.5
F. 学生が論理的に思考する	97.6	99.0	93.9	91.8	84.0	93.1	91.9	95.1
G. 学生が批判的に思考する	85.4	81.4	85.7	83.6	52.0	58.6	71.6	63.4
n	41	97	49	73	25	29	74	82

図表3-6　担当する授業全般を通じて重視する程度（やや重視する＋とても重視する）（%）

　図表3-6は、担当する授業全般を通じて重視する程度について尋ねる設問に対して、「1．まったく重視しない」「2．あまり重視しない」「3．やや重視する」「4．とても重視する」という選択肢から、「3．やや重視する」「4．とても重視する」を選んで回答した割合の合計を示したものである。これについても実務家教員とアカデミズム教員との間に大きな違いはない。項目によっては分野間に差があり、例えばほかの分野に比べてメディア論では「E．学生が社会人として必要な態度を形成する」が低く、ファッション論では「G．学生が批判的に思考する」が低い。図表3-7は、教員として授業を行うために実施している頻度ついて尋ねる設問に対して、「1．まったく実施していていない」「2．ほとんど実施していない」「3．ときどき実施している」「4．よく実施している」という選択肢から、「3．ときどき実施している」と「4．よく実施している」を選んで回答した割合の合計を示したものである。「C．外国語の学習を行う」「E．学術論文を執筆する」はアカデミズム教員の方がやや高い一方で、「F．実務に関する業界の状況を把握する」「G．大学の事務職員と協力する」は実務家教員の方が高い傾向が見られる。

　図表3-8は、所属する大学から求められていると自覚する程度を尋ねる設問に対して、「1．まったくそう思わない」～「4．とてもそう思う」「5．わからない」という選択肢から、「3．ややそう思う」「4．とてもそう思う」を選んで回答した割合の合計を示したものである。「A．学術論文の執筆」と「B．研究推進のための学外関係者との連携」について観光論でアカデミズム教員の方が高い一方で、後者の「B．研究推進のための学外関係者との連携」についてスポーツマネジメント論では実務家教員の方が高い。「C．教育のための学外関係者との連携」についてはどの分野でも実務家教員の方が高いものの、特にメディア論とスポーツマネジメント論の高さが目立つ。また、「E．大学の広報・宣伝」と「F．大学の経営管理・教学改革」についてファッション論でアカデミズム教員の方が高い。それら以外の項目についてはアカデミズム教員と実務家教員との差は小さい。

	観光論		メディア論		ファッション論		スポーツマネジメント論	
	アカデミズム教員	実務家教員	アカデミズム教員	実務家教員	アカデミズム教員	実務家教員	アカデミズム教員	実務家教員
A. 最新の論文や学術書を読む	87.8	88.8	75.5	77.0	80.0	69.0	89.2	87.8
B. 古典的な文献を繰り返し読む	68.3	44.9	46.9	63.5	40.0	24.1	52.7	54.9
C. 外国語の学習を行う	51.2	36.7	42.9	36.5	40.0	37.9	47.3	30.5
D. 時事問題を把握する	87.8	90.8	85.7	90.5	80.0	69.0	79.7	86.6
E. 学術論文を執筆する	82.9	63.3	65.3	62.2	68.0	41.4	74.3	68.3
F. 実務に関する業界の状況を把握する	61.0	86.7	63.3	90.5	68.0	86.2	55.4	87.8
G. 大学の事務職員と協力する	58.5	63.3	46.9	64.9	72.0	75.9	63.5	75.6
n	41	98	49	74	25	29	74	82

図表3-7　教員として授業を行うために実施している頻度（ときどき実施している＋よく実施している）（%）

	観光論		メディア論		ファッション論		スポーツマネジメント論	
	アカデミズム教員	実務家教員	アカデミズム教員	実務家教員	アカデミズム教員	実務家教員	アカデミズム教員	実務家教員
A. 学術論文の執筆	78.0	60.2	67.3	66.2	68.0	51.7	73.0	69.5
B. 研究推進のための学外関係者との連携	80.5	62.2	57.1	62.2	60.0	58.6	56.8	70.7
C. 教育のための学外関係者との連携	68.3	71.4	61.2	77.0	56.0	62.1	54.1	74.4
D. 学生のキャリア形成支援	75.6	78.6	77.6	82.4	80.0	75.9	77.0	82.9

E. 大学の広報・宣伝	65.9	70.4	77.6	75.7	92.0	62.1	75.7	81.7
F. 大学の経営管理・教学改革	51.2	48.0	46.9	41.9	48.0	31.0	60.8	57.3
G. 大学事務職員との連携	73.2	65.3	75.5	63.5	68.0	62.1	77.0	76.8
n	41	98	49	74	25	29	74	82

図表3-8　所属する大学から求められている（ややそう思う＋とてもそう思う）（%）

		観光論	メディア論	ファッション論	スポーツマネジメント論
教養教育	「大学以外の職場でのご自身の仕事経験」を紹介する程度	76.1	61.4	45.5	66.7
	「実務（大学以外の職場での仕事）に関する一般的な事情を紹介する程度	74.6	59.1	45.5	68.6
	「実務（大学以外の職場での仕事）に関する学術的な知識」を紹介する程度	63.4	54.5	54.5	58.8
	n	71	44	11	51
専門教育	「大学以外の職場でのご自身の仕事経験」を紹介する程度	87.9	70.4	88.5	82.5
	「実務（大学以外の職場での仕事）に関する一般的な事情を紹介する程度	88.9	76.1	84.6	87.5
	「実務（大学以外の職場での仕事）に関する学術的な知識」を紹介する程度	78.8	73.2	84.6	77.5
	n	99	71	26	80

図表3-9　授業科目区分別授業で実務に関する話題を行う頻度（ときどきある＋よくある）（%）

　図表3-9は、実務家教員のみを対象にしたデータである。実務に関する話題を行う頻度を尋ねる設問に対して、「1. まったくない」「2. ほとんどない」「3. ときどきある」「4. よくある」という選択肢から、「3. ときどきある」「4. よくある」を選んで回答した割合の合計を、専門教育と教

養教育という授業科目区分ごとに示したものである（その授業科目を担当していない場合は回答していない）。全般的に教養教育と比較して専門教育において実務に関連する内容へ言及する割合が高い。専門教育のメディア論においては、ほかの分野に比較してその割合がやや低くなっている一方で、教養教育の観光論においてはほかの分野よりもその割合が高く、分野ごとに違いがあることがうかがえる。

2.3　大学教育に関する意識と満足度

　図表3-10は、所属する大学での学部・学科における望ましい教育について尋ねる設問に対して、「1．まったく望ましいとは思わない」「2．あまり望ましいとは思わない」「3．やや望ましいと思う」「4．とても望ましいと思う」という選択肢から、「3．やや望ましいと思う」「4．とても望ましいと思う」を選んで回答した割合の合計を示したものである。「G．就職してすぐに役立つ教育」のメディア論で差がある以外には、どの項目もアカデミズム教員と実務家教員とで目立った違いはない。

　図表3-11は、所属する大学での学部・学科で教育を行うために必要な経験について尋ねる設問に対して、「1．まったく必要ではない」「2．あまり必要ではない」「3．やや必要である」「4．とても必要である」という選択肢から、「3．やや必要である」「4．とても必要である」を選んで回答した割合の合計を示したものである。観光論では「A．大学院での研究トレーニング」「B．学会での研究発表」のような研究経験についてアカデミズム教員の肯定割合がやや高く、メディア論やスポーツマネジメント論では「E．実務の現場での実践」「F．実務での後輩や部下の育成」のような実務経験について実務家教員の肯定割合が高い。また、「H．資格取得（公的資格、民間検定など）」についてはファッション論ではアカデミズム教員による肯定的回答が実務家教員よりも相対的に高い一方で、メディア論やスポーツマネジメント論では実務家教員による肯定的回答がアカデミズム教員よりも相対的に高い。

	観光論		メディア論		ファッション論		スポーツマネジメント論	
	アカデミズム教員	実務家教員	アカデミズム教員	実務家教員	アカデミズム教員	実務家教員	アカデミズム教員	実務家教員
A. 普遍的な学問研究に即した教育	87.8	85.7	84.0	83.6	88.0	79.3	83.8	82.9
B. 人間性を涵養する教育	87.8	91.8	90.0	94.5	92.0	89.7	93.2	93.9
C. 専門分野の知識を習得するための教育	95.1	96.9	96.0	94.5	100.0	93.1	95.9	96.3
D. 専門分野の技術・技能を習得するための教育	87.8	80.6	88.0	86.3	100.0	93.1	94.6	91.5
E. 学術的な理論と職業実践を統合した教育	92.7	91.8	72.0	84.9	92.0	89.7	81.1	89.0
F. 職業的・社会的自立のための教育	85.4	85.7	72.0	84.9	96.0	89.7	86.5	91.5
G. 就職してすぐに役立つ教育	58.5	63.3	32.0	50.7	84.0	75.9	71.6	68.3
H. 課題の解決のための教育	87.8	98.0	88.0	90.4	92.0	89.7	94.6	100.0
n	41	98	50	73	25	29	74	82

図表3-10　ご所属の大学での学部・学科における望ましい教育（やや望ましいと思う＋とても望ましいと思う）（%）

	観光論		メディア論		ファッション論		スポーツマネジメント論	
	アカデミズム教員	実務家教員	アカデミズム教員	実務家教員	アカデミズム教員	実務家教員	アカデミズム教員	実務家教員
A. 大学院での研究トレーニング	82.9	61.2	74.0	61.6	72.0	69.0	81.1	78.0
B. 学会での研究発表	80.5	66.3	70.0	65.8	76.0	69.0	74.3	70.7
C. 学術論文の執筆	80.5	70.4	74.0	63.0	76.0	69.0	73.0	75.6

D. FD（ファカルティ・ディベロップメント）講習	65.9	66.3	50.0	57.5	80.0	55.2	66.2	75.6
E. 実務の現場での実践	75.6	84.7	60.0	82.2	88.0	89.7	77.0	89.0
F. 実務での後輩や部下の育成	58.5	65.3	50.0	63.0	68.0	75.9	60.8	80.5
G. 実務での人脈作り	73.2	72.4	54.0	71.2	76.0	72.4	64.9	80.5
H. 資格取得（公的資格、民間検定など）	53.7	49.0	24.0	35.6	72.0	58.6	55.4	68.3
n	41	98	50	73	25	29	74	82

図表3-11　ご所属の大学での学部・学科で教育を行うために必要な経験（やや必要である＋とても必要である）（%）

	観光論		メディア論		ファッション論		スポーツマネジメント論	
	アカデミズム教員	実務家教員	アカデミズム教員	実務家教員	アカデミズム教員	実務家教員	アカデミズム教員	実務家教員
A. 実務家教員をもっと増やすべきだ	29.3	60.2	28.0	49.3	50.0	55.2	45.9	65.4
B. 実務家教員の授業は、アカデミズムの教員の授業よりも学生の成長を促す	26.8	51.0	34.0	49.3	50.0	48.3	41.9	61.7
C. 実務家教員とアカデミズムの教員は仕事の役割を分けるべきだ	56.1	51.0	58.0	47.9	50.0	44.8	67.6	61.7
D. 実務家教員も学術的な理論を理解するべきだ	75.6	87.8	82.0	83.6	87.5	79.3	78.4	88.9
E. 実務家教員も学術的な研究をするべきだ	75.6	81.6	64.0	75.3	75.0	72.4	64.9	81.5

F. 実務家教員のもつ10年以上前の経験も教育において有用だ	58.5	73.5	50.0	76.7	58.3	75.9	64.9	82.7
G. 実務家教員は教育に関する研修を受講するべきだ	65.9	70.4	54.0	71.2	83.3	51.7	74.3	81.5
H. アカデミズム教員は教育に関する研修を受講するべきだ	70.7	79.6	60.0	69.9	83.3	62.1	75.7	81.5
n	41	98	50	73	24	29	74	81

図表3-12　教員に関する見解（ややそう思う＋とてもそう思う）（%）

	観光論		メディア論		ファッション論		スポーツマネジメント論	
	アカデミズム教員	実務家教員	アカデミズム教員	実務家教員	アカデミズム教員	実務家教員	アカデミズム教員	実務家教員
A. アカデミズム教員との関係性	87.8	84.7	74.0	69.4	58.3	51.7	82.4	67.9
B. 実務家教員との関係性	75.6	82.7	72.0	76.4	58.3	58.6	64.9	75.3
C. 学生との関係性	90.2	89.8	92.0	84.7	87.5	75.9	87.8	90.1
D. 大学の事務職員との関係性	92.7	75.5	76.0	79.2	83.3	62.1	73.0	82.7
E. 組織の意思決定のあり方	34.1	40.8	34.0	41.7	41.7	24.1	37.8	44.4
F. 大学からの個人評価	65.9	63.3	58.0	52.8	54.2	48.3	60.8	58.0
G. 年収	48.8	59.2	66.0	56.9	54.2	41.4	62.2	64.2
H. 専門的な知識や技術を活かせる機会	68.3	72.4	72.0	79.2	87.5	65.5	71.6	80.2
I. 自律的に仕事を進められること	85.4	84.7	82.0	88.9	83.3	79.3	83.8	88.9

J. 高い社会的な評価を得られること	65.9	73.5	62.0	73.6	62.5	51.7	55.4	66.7
K. 時間的なゆとりがあること	41.5	53.1	54.0	58.3	33.3	37.9	54.1	63.0
n	41	98	50	72	24	29	74	81

図表3-13　満足度（やや満足している＋とても満足している）（％）

　図表3-12は、教員に関する見解について尋ねる設問に対して、「1．まったくそう思わない」～「4．とてもそう思う」「5．わからない」という選択肢から、「3．ややそう思う」「4．とてもそう思う」を選んで回答した割合の合計を示したものである。ファッション論を除く分野では、「A．実務家教員をもっと増やすべきだ」「B．実務家教員の授業は、アカデミズム教員の授業よりも学生の成長を促す」について、すべての分野において、「F．実務家教員の持つ10年以上前の経験も教育において有用だ」について、実務家教員による肯定的回答がアカデミズム教員よりも相対的に高い。それら以外の項目は分野によって違いがある。たとえば、「G．実務家教員は教育に関する研修を受講するべきだ」についてメディア論では実務家教員による肯定的回答がアカデミズム教員よりも相対的に高い一方で、ファッション論ではアカデミズム教員による肯定的回答が実務家教員よりも相対的に高い。

　図表3-13は、満足度を尋ねる設問に対して、「1．まったく満足していない」「2．あまり満足していない」「3．やや満足している」「4．とても満足している」「5．わからない」という選択肢から、「3．やや満足している」「4．とても満足している」を選んで回答したもの割合の合計を示したものである。ファッション論ではほかの分野に比べて「A．アカデミズム教員との関係性」「B．実務家教員との関係性」へ肯定的な回答の割合が低い。「D．大学の事務職員との関係性」について、観光論とファッション論で実務家教員による肯定的な回答の割合がアカデミズム教員よりも低く、「E．組織の意思決定のあり方」「H．専門的な知識や技術を活かせる機会」について、ファッション論で同様に実務家教員の方が肯定的な回答割合が低い。その他の項目については実務家教員とアカデミズム教員との間に際立った差はない。

3.　回答傾向に関する考察

　採用に至る経緯の回答に関する実務家教員とアカデミズム教員との差は、大学へ勤めるきっかけ（経路）に関してはあまりなく、大学から採用された理由の自己認識に関しては存在していた。現在の仕事の回答については、実務家教員とアカデミズム教員との間に必ずしも大きな違いがあるわけではなかった。実務家教員だけを対象にして尋ねた実務に関する話題を行う頻度についての回答は、教養教育よりも専門教育において実務へ言及する割合が高いというものであった。大学教育に関する意識と満足度の回答のうち、望ましい教育については実務家教員とアカデミズム教員とで目立った差はない一方で、必要な経験と教員に関する見解については差が生じている項目があった。満足度については分野によって回答の傾向が異なっていた。

　冒頭で述べたように、本論はアカデミズム教員と比較して実務家教員独自の特徴が析出することをねらいとしたものの、その差異は必ずしも大きくはないという結論であった。その理由、特に、現在の仕事に関して両者の回答がおおむね変わらない理由を 2 点挙げることができる。

　第 1 に、調査対象者の偏りによるものである。図表 3-3 の所属する大学から採用された理由の自己認識のうち「A.　研究の実績があるから」の実務家教員による回答について、観光論、メディア論では 6 割以上、ファッション論、スポーツマネジメント論では 5 割以上が肯定的に回答していて、また、図表 3-7 の教員として授業を行うために実施している頻度のうち「E.　学術論文を執筆する」の同じく実務家教員による回答について、ファッション論を除く 3 分野では 6 割以上、ファッション論では 4 割以上が「ときどき実施している」「よく実施している」と回答している。これらのことから、回答者の多くはアカデミズム教員と同様に、研究の経験があり現在でも研究を継続している様子がうかがえる。ファッション論のみ研究に関する傾向が異なるのは、学術論文ではなく制作物の発表などが研究者や教育者としての評価の対象になる場合があるからであろう。これらのことから、実務経験の有無に左右されない回答傾向が生じたと考えられる。一般に想定されるような、研究経験をまったくもたない実務家教員は回答者の中には少なかったのであろう。

　第2に、大学へ勤務することになる経緯は異なっていたとしても、入職後には実務家教員とアカデミズム教員とで明確な分業が行われているわけではないことが想定される。図表3-8の所属する大学から求められていることからもわかるように、実務家教員だからといって実務に関係する教育の仕事ばかりを要求されているというわけではない。入職後の人事全般に関する制度や慣行が実務家教員とアカデミズム教員とで区分されているわけではないことが、現在の仕事に関する意識の違いの小ささに影響を及ぼしているのかもしれない。このことは今回の調査対象である、観光論、メディア論、ファッション論、スポーツマネジメント論という実務家教員の割合が高い分野であることにも関連している。仮に、実務家教員の割合が低い分野であれば、実務に関する授業を多く担当する一方でその他の仕事をあまり担当しなかったり、その状況が仕事に関する意識へ関係していたりするかもしれない。

　残された研究課題はこの回答傾向の違いの小ささに関連するものである。まず、研究経験の有無や程度、その継続状況と意識の関係を明らかにする必要がある。実務家教員の中には研究をしたことがない教員もいる一方で、博士号を取得して活発に研究成果を発表している教員もいるという多様性がある。また、アカデミズム教員であっても、採用後における学内の仕事分担や個人的な事情によって研究を行わなくなることもある。実務家教員とアカデミズム教員との違いを検討するために、それぞれの研究との関わり方や経緯という変数を考慮した分析を行わなければならない。

　次に、ほかの分野において調査を行う必要がある。実務家教員の割合が低い学部・学科では、実務家教員固有の役割が強く求められたり、当事者がその意識を強く持っていたりする可能性もある。たとえば、その学部・学科に実務家教員が1人だけいるような場合には、質問紙調査への回答にアカデミズム教員とは異なる傾向が表れるかもしれない。

　また、トラッキングに着目した分析も必要である。トラッキングとは教育社会学の専門用語であり、陸上競技場の地面に描かれた走路であるトラックのように、人生の経路は意図されたものではないものの、緩やかに決められてしまうことを批判的に示す概念である。例えば、私立の有名中学校への進学はその後の有名大学への進学をおおまかに規定する。居住地によって進路が定められるローカル・トラック、生まれつきの性別によって進路が定めら

れるジェンダー・トラックというものもある。トラックに応じて提供される教育の内容や方法が異なったり、学習者の態度や意識が決定されたりすることが重要な課題として分析されてきた。実務家教員とアカデミズム教員について、こうしたトラッキング概念を援用した研究を進めることが想定される。たとえば、初期キャリアの時点で研究経験がある実務家教員と、一定の年数の実務を経験してから研究を開始した実務家教員は異なるトラックを歩んでいて、そのことが意識に影響を与えているということも考えられるだろう。

注
1）調査全体の単純集計については、「実務家教員に関する研究プロジェクト」ウェブサイトへ掲載している。　https://sites.google.com/view/p-academics/アンケート調査

参考文献
伏木田稚子（2021）「ゼミナールの実践上の困難と価値に対する自己評価の検討 —— 人文学・社会科学・総合科学系学部の教員調査に基づいて」『日本教育工学会論文誌』45 (Suppl.) : 213-216
葛城浩一（2020）「ボーダーフリー大学における学士課程教育の質保証の実現可能性 —— 教員調査からみえる教育の質保証の実態」『香川大学教育研究』17: 55-67
両角亜希子・王帥・濱中義隆（2022）「コロナ禍における大学教育の実態とそのインパクト —— 全国大学教員調査から」『東京大学大学院教育学研究科紀要』61: 437-457
二宮祐（2023）「実務家教員による大学の授業に関する意識 —— キャリア論、メディア論、観光論を事例として」『名古屋高等教育研究』23: 117-140
沖裕貴（2022）「コロナ禍における高等教育の実態 —— そのとき学生・教員はどのように感じ、何を期待したか」『名古屋高等教育研究』22: 7-22

謝辞
本研究は JSPS 科研費 20K02934 の助成を受けたものです。

第4章

実務家教員の「わざ」に学ぶ
「実務家教員のためのパターン・ランゲージ」とその機能

1. はじめに

　実務家教員に対する社会的関心、社会的ニーズが高まってきている。専門職大学院設置基準および専門職大学設置基準にあるように、法令上、専門職大学院ではおおむね3割以上、専門職大学ではおおむね4割以上の教員が実務家教員でなくてはならない。専門学校でも多くの実務家教員が活躍しており、また、実務家教員が業界団体、企業・組織内で教育に取り組む例も多く見られるようになってきている。専門職大学・大学院、専門学校のみならず、一般的な大学・大学院で教える実務家教員も増えてきている。

　最新の学校教員統計調査（2019年度調査、2021年度公開）によれば、2018年度に新規採用された大学教員は11,494人である。このうち、採用直前に官公庁勤務だった人は489人（全体の約4.3%）、民間企業出身者は1,150人（約10.0%）、自営業は116人（約1.0%）であった。また、2018年度中に新規採用された短期大学教員は510人であり、うち採用直前に官公庁勤務だったのは37人（約7.3%）、民間企業は84人（約16.5%）、自営業は16人（約3.1%）である。これらは転職者数であり、官公庁や民間企業に勤めながら非常勤講師として教えている、つまり転職をしていない場合などは含まれない。そのため、高等教育機関などで実務家教員として活躍している人の実数はこれよりも多いことが推測される。

　では、実務家教員となり、実務家教員として活躍していくためにはどうすればよいだろうか。そのためのヒントとするために、既に実際に活躍をしている先輩実務家教員の「わざ」をことばとして紡いだのが、「実務家教員のためのパターン・ランゲージ——新しい道を切り拓いていくための24のことば」（伴野・正井・阿部 2023［以下、「実パタ」］）である。「わざ」は、単に教授技術や身体技能を指しているわけではない。ここで言う「わざ」と

は、それぞれの実務家教員が、それぞれの現場で、その都度発揮するさまざまな技術や技能、また、それらに関する知識や知恵の総体である。

　パターン・ランゲージでは、経験豊富な人たち、熟達者の語りの中から実践知や経験則、コツ、秘訣などと呼ばれるもの、つまり「わざ」を抽出し、言語化・可視化し、体系化する。成功事例や熟達者に繰り返し見られるパターンを抽出し、抽象化を経てランゲージ（ことば）化することによって、実践知を他者と共有可能なものとする。株式会社クリエイティブシフトのウェブサイトによれば、パターン・ランゲージは、既に豊かな経験を持っている人から「コツの抽出」をし、ほかの人が「やってみたくなるヒント集」として提示するという、新しい「知恵の伝承＆学び」の方法である。コツを日常の中で「使いながら学ぶ」ことができ、さらに「自分なりの創造」の幅を持って試行錯誤していけるため、よい学びを速く自分らしく積み重ねていくことができるという。

　さて、本稿の目的は大きく２つある。まず、実務家教員として活躍していくための「わざ」としての「実パタ」を紹介することである。ここで急いで付け加えないといけないのは、紹介であって解説ではないということである。パターン・ランゲージは抽象的すぎず具体的すぎない抽象度（具体度）で記述される。このような記述のあり方を「中空のことば」（金子・井庭2022）という。抽象的な「理念」でも個別具体的な行動指示としての「マニュアル」でもない「中空のことば」だからこそ、「実パタ」の「24のことば」は一人ひとりが自分らしい活躍のあり方を探究的に考えるための指針やヒントとして機能するのである。そこで本稿では、解説することで多様であるはずの解釈を集約したり固定化したりしてしまうことを意識的に避ける。その意味で本稿においては、「実務家教員として活躍したければこうすればうまくいく」という単純化された関係を示すことはしない。その代わりに、読者がそれぞれに意味づけ、解釈し、考え、行動するためのヒントとして、「わざ」がパターン・ランゲージの形式で示されていくことになる。

　もう１つの目的は、「中空のことば」で書かれた「わざ」としての「実パタ」が、どのような学びや気づきを促し得るか、その機能について検討することである。「実パタ」を用いたワークショップを事例として取り上げ、その中で参加者が何にどのように気づき学んでいくのかについて分析・考察を

行う。

２．「実パタ」の作成過程と全体像

2.1 「実パタ」の作成過程

　実務家教員の「わざ」をパターン・ランゲージ化するために、伴野・正井・阿部（2023）ではまず、実務家教員を「豊富な実務経験と高度な実務能力を持ち、それらを体系化して効果的に普及・伝達していく能力を併せ持つ教員」と定義した上で、既に活躍している実務家教員17名を対象にインタビュー調査を行った。

　インタビュー協力者の実務領域は、国家公務員、メーカー、地域イノベーション、マスメディア、理学療法、機械工学、看護、医学、キャリアコンサルタント、カウンセリング、土木、建築、広告、企業内キャリア支援、ライフプランニング、品質管理であった。また、職種別では大学専任教員8名、大学非常勤講師3名、高等専門学校（高専）専任教員2名、企業における研修講師4名であった。看護については専門領域や職種の異なる2名を対象にインタビューを行った（実務家教員COEプロジェクト編 2022）。

　パターン・ランゲージ作成の一般的な手順及び「実パタ」作成過程を図表4-1に示す。キックオフを経て、①マイニング、②抽出、③体系化、④ライティング・シンボライジングという形で作成は進んでいくわけだが、この過程は不可逆のものではなく必要に応じて戻りながら少しずつ精緻な記述としていく。「実パタ」では、図表4-1の「『実パタ』の作成過程」に示した作成過程を経て、3つのカテゴリ、8つのグループ、24のパターンからなるパターン・ランゲージとして記述・整理を行った。

　図表中のCPSとは、状況（Context）、問題（Problem）、解決（Solution）の略である。パターンは、いわば文法のようなものを持っており、決まったルールで書かれる。どのパターンも、ある状況（Context）において生じる問題（Problem）と、その解決（Solution）の方法がセットになって記述され、それに名前（パターン名）がつけられる、という構造を持っていることで、パターン名に多くの意味が含まれ、それが共通で認識されて「言葉」として機能するのである（クリエイティブ・シフト ウェブサイト）。

	手順	手順の説明	「実パタ」の作成過程
―	キックオフ	パターン・ランゲージの理解を深め、取り組む活動の目的と成果・進め方などを共有。	実務家教員、パターン・ランゲージの理解。プロジェクトの目的、目指すべき成果、進め方などを確認。
①マイニング	マイニング・インタビュー	実践知を引き出したい対象にインタビュー。6～10名程度。	実際に実務家教員として活躍している17名を対象に実施。
	種の記述	実践知と思われるものを拾い出し記述。	インタビューの逐語録から565の種を記述。
②抽出	クラスタリング	それぞれの近さや性質からKJ法（川喜田 1986）を用いて似ているものを集めて分類し、パターンの元を作成。	1次クラスタリング：565の種をそれぞれが本質的に何を示しているのかを元に分類し、140のグループに。 2次クラスタリング：140のグループについてさらにクラスタリングを進め、59のグループに。
	仮ライティング	CPSの形式で主旨を把握。	クラスタリング、体系化の過程で仮ライティングを行いながら調整。
③体系化	体系化	抽象化・統合・切り捨てなどにより構造を捉え、全体像と各パターンの位置づけを捉え、体系化。	59のグループについてまとめ直し、読み手に伝わりやすいかたまり、提出順序について検討。27のパターンをいったんすべて書き上げてみた際にメッセージに重複感のあるものが出てきたため、さらに個々のパターンのメッセージを際立てていくために再体系化。24のパターンに集約。
④ライティング・シンボライジング	パターン・ライティング	文章をパターン形式で作成するとともに、正しく伝わる文章として実践知を言語化。	解決（Solution）の方法を軸として、パターンの骨格となる状況（Context）、問題（Problem）を書き、レビューとリバイズを繰り返しながらメッセージおよびパターン名を確定。
	シンボライジング	各パターンの本質を表すイラストと、パターン名の紹介文を作成。	全文の書き上げ作業を進めながら、解決（Solution）の内容やパターン名をより象徴的に表現するようなイラストを作成。

図表 4-1　パターン・ランゲージ作成の一般的な手順と「実パタ」の作成過程［出典：筆者作成］

2.2　「実パタ」の全体像

　2.2では、「実パタ」全体および1つひとつのパターンについて、それぞれどのようなものかについて紹介を行う。「実パタ」では左側にパターンの内容をつかむための概要が、右側のページにパターンの内容、すなわち実務家教員として新しい道を切り拓くための実践知の詳細が示されている（図表4-2、4-3）。

図表4-2　「実パタ」のイメージ［出典：伴野・正井・阿部（2023）］

概要（左ページ）	①パターン番号：グループ名	No.1～24の通し番号およびグループ名。番号が小さいものから順に読んで理解していくことも、関心のあるパターンから読み始めることも可能。図表４‐２では左ページの左上にある「No.1：未来のつくり手を育てる」がこれに当たる。
	②パターン名（ことばの名前）	考えるときや対話の中で用いる。図表４‐２では左ページ上中央の「新しい道」がこれに当たる。
	③イントロダクション文とイラスト	理解を助け、内容をいきいきとイメージするためのもの。図表４‐２では左ページ上中央の「その先にはどんなことが待っているのだろうか」およびその下にあるイラストがこれに当たる。
内容の詳細（右ページ）	④状況	このコツが活きてくる「状況」。この状況に当てはまるとき⑤の「問題」が起こる、あるいは今起きている可能性がある。
	⑤問題・フォース	太字の部分が「問題」で、④の「状況」の下で起こりがちな困りごとなどを記載。「問題」に当てはまる場合は、⑥の「解決」を参考にすれば、改善することが可能となる。太字に続く文章は「フォース」と呼ばれ、「問題」の発生要因が記載される。
	⑥解決・アクション	太字の部分が「解決」で、⑤の「問題」を解消するための考え方、行動のコツがやや抽象的に記述される。「例えば」に続く箇条書きの「アクション」は、解決策の具体例である。
	⑦結果	⑥の「解決」を実践するとどうなるのかを知ることができる。

図表４‐３　「実パタ」のページ構成［出典：筆者作成］

　2.1で述べたように、「実パタ」は３つのカテゴリ、８つのグループ、24の
パターンからなる。まず、カテゴリとしては「Ａ　教育界でなにをするのか」
「Ｂ　実務家教員として価値を出す」「Ｃ　未来での活躍をプロデュースする」
があり、Ａの下に２つのグループが、ＢとＣにはそれぞれ３つのグループが
含まれる。また、各グループにはそれぞれ３つのパターンが紐づいている
（図表４‐４）。

	カテゴリ	グループ	パターン	
新しい道を切り拓く	A 教育界で なにをするのか	未来のつくり手を 育てる	新しい道	(No.1)
			育てる人	(No.2)
			社会課題への別アプローチ	(No.3)
		次世代に 伝えるべきことを 定める	経験の棚卸し	(No.4)
			未来で役立つコト	(No.5)
			教えられるのか	(No.6)
	B 実務家教員 として 価値を出す	自分のドメインを 確立する	現場のかけもち	(No.7)
			学問への接続	(No.8)
			らしさの入れ込み	(No.9)
		人とつながり続けて 強化する	オリジナルな領域	(No.10)
			助っ人による拡張	(No.11)
			巻き込みレボリューション	(No.12)
		研究もすることで 社会に役立てる	研究方法の模索	(No.13)
			理論と実践の往復	(No.14)
			ひとり親方的マネジメント	(No.15)
	C 未来での活躍を プロデュース する	教えるということも 探究する	フラットな学び場	(No.16)
			興味をおこす	(No.17)
			伝え方のチューニング	(No.18)
		いきいきとした 学びを提供する	実務のリアリティ	(No.19)
			心動く体験	(No.20)
			失敗の受け止め体制	(No.21)
		未来へ送り出す	思考へのフィードバック	(No.22)
			活躍の仕込み	(No.23)
			Keep on Updating	(No.24)

図表 4-4　「実パタ」の全体像［出典：伴野・正井・阿部（2023）］

　以下、24のパターンの概要を示していくが、①パターン番号、②パター
ン名（ことばの名前）、③のイントロダクション文、④状況、⑤の問題、⑥
の解決を中心に要約したものを示す。すなわち、

> 【②パターン名（①パターン番号）　③イントロダクション文】
> 　〈④状況〉のとき、〈⑤問題〉が起きるかもしれない。そこで、〈⑥解決〉。

という形で各パターンを要約することで、「実パタ」を紹介していく。なお、③イラスト、⑤のフォース、⑥のアクション、⑦結果を含む、「実パタ」全体については、伴野・正井・阿部（2023）を参照されたい。

A　教育界でなにをするのか
A-1.「未来のつくり手を育てる」
【新しい道（No.1）　その先にはどんなことが待っているのだろうか】

　実務家教員になることに関心を持っているときに、「大学の先生」というなんとなくのイメージでこの仕事を考えてしまうと、いざその世界に入ったときに挫折したり後悔したりするかもしれません。そこで、仕事の目的だけでなく生活スタイルなども大きく変わるということを理解し、まったく新しい世界に入っていくのだという認識を持ちます。

【育てる人（No.2）　これからの社会の担い手をはぐくむ】

　実務家教員という仕事について考えているときに、自分が知っていることを教えればよいだろうと思ってしまうと、学生には役立たないことを教えていくことにつながってしまうかもしれません。そこで、自分の培ってきた経験や知見をもとに、今後の社会をつくっていく人材を育てるのだと捉えます。

【社会課題への別アプローチ（No.3）　これからもその使命感は持ち続ける】

　実務家教員のイメージが持てるようになってきたときに、これまで成果を積み上げていくことで得られていたやりがいや自信などが、教育界に入ると得られにくくなってしまうのではないかと不安に思ってしまいます。そこで、社会を良くしていこうという思いや姿勢をこれまでと同じく大切にし、これからは教育を通じて社会課題の解決に寄与していくのだと考えます。

A-2.「次世代に伝えるべきことを定める」
【経験の棚卸し（No.4）　自分の商品価値を客観視する】

　実務家教員として何を教えていけるのかを考えているときに、幅広い経験

をしてきたからこそ、自分は何を中心に伝えればいいのか、教えるべきなのかを決めきることができません。そこで、自分が持っている知識や経験を棚卸しして客観視し、自分の専門性を見極めることで、何を教えることができるのかを考えます。

【未来で役立つコト（No.5）　今価値があることは、未来ではどうなっているのか】

　自分の専門性が見えてきたときに、自分の教えられること・教えたいことと、学生に教える価値があることが一致するとは限りません。そこで、学生が社会で活躍する頃には、その分野ではどんなことが起こっているのかという未来を想像し、どんな教育実践をすべきなのかを具体化します。

【教えられるのか（No.6）　もしかしたら、まだ十分でないのかもしれない】

　教えていきたい領域が見つかったとき、単にその領域に詳しい、よく知っているというだけでは、期を通じた授業として成り立たないかもしれません。そこで、シラバスを書いてみることで、自分の経験や知識が十分であるのかを確認し、不足している部分の補い方を考えていきます。

B 実務家教員として価値を出す
B-1.「自分のドメインを確立する」
【現場のかけもち（No.7）　教育も実務も両方にかかわる】

　実務家教員として活動をしているときに、教育に意識を取られすぎてしまうと、実務家教員として価値を出し続けられなくなってしまうかもしれません。そこで、実務現場に足しげく通うことで、実務に関わり続ける機会をつくりながら、最新動向に触れ続けるようにします。

【学問への接続（No.8）　経験を語るだけではもったいない】

　実務家教員をしながら実務も続けているときに、実務現場で実務を続けることはできているものの、それを教育に結びつけていくことがうまくできません。そこで、これまでの経験や知識を、既存の学術体系に当てはめながら整理することで、客観的に見て教える価値のあるものに昇華させていきます。

【らしさの入れ込み（No.9）　自分のアイデンティティはここにあり】

　実務家教員としてどのような価値がつくれるかを考えているときに、自分なりの知識体系を客観的にも整理できてきましたが、人学の科目という枠組みの中にあてはめると、教える内容がありきたりになってしまいそうです。そこで、人とは違う発想をし、その考察・検証を繰り返したり、自分の強みを振り返ったりすることで、自分にしかできないことや持ち味を見つけ、授業に活かしていきます。

B-2.「人とつながり続けて強化する」

【オリジナルな領域（No.10）　自分の「島」の形を描いてみる】

　自分の専門性を深めていきたいと考えているときに、専門とすること以外の関心もどんどん広がり続けていくので、多くの領域に手を伸ばしすぎてしまうと、自分は何を教える人なのか、どこを深めていけばよいのかがわからなくなってしまうことがあります。そこで、自分の専門として見つけた領域の話をいろいろな人にしてみたり、そこでの先行研究を調べたりして、自分が専門家として扱う領域の濃淡を含め、特定をしていくようにします。

【助っ人による拡張（No.11）　遠くに見える島にもたどり着く】

　専門とする領域以外のことも教える必要がでてきたときに、自分ひとりの経験や知識を超えた内容については、見聞きしたことの伝達にとどまってしまい魅力的に伝えることはできません。そこで、他の先生や実務家、関連する人たちなどの力を借りて、教えられることを広げていけるようなネットワークを持ち、いざというときに力になってもらえるようにしていきます。

【巻き込みレボリューション（No.12）　大きな力にしていく】

　社会課題の改善に向けても動き続けていきたいと考えているときに、実務家教員として教育と実務の両方に関わっているとはいえ、ひとりでは社会にインパクトがあるような動きにはなっていきません。そこで、その社会課題に取り組むべき理由、価値などを周囲に伝えながら、自分が主体となって関心のある人たちを巻き込んでいくようにします。

B-3.「研究もすることで社会に役立てる」
【研究方法の模索（No.13）　実務を知っているからこそのやり方を】
　教育だけではなく、研究することも求められているときに、教育や実務経験を続けていくことに手一杯になってしまったり、大学での研究活動に経験があまりなかったりするため、時間をじっくり取って、慣れないことを進めていくことがなかなかできません。そこで、実務の現場を知っているからこその経験を活かして、実務家らしい研究のあり方を探っていくようにします。

【理論と実践の往復（No.14）　その繰り返しが新しい発見へと導いてくれる】
　研究を進める以上新規性を見出したいと思っているときに、これは新しい発見につながるのではないかと思うことがあっても、その新規性の有無から確認せねばならず、研究をスピーディーに進められないことがあります。そこで、日頃から理論と実践、実践と理論を行き来しながら、研究成果といえそうな境界線を意識しておき、その周辺で新たな発見をみつけるようにします。

【ひとり親方的マネジメント（No.15）　自分次第で快適に】
　教育・実務・研究を進めているときに、大学では本来すべき教育・実務・研究に加え、他の事務的な仕事もこなさなくてはならないので、価値を出すべきところに時間が割けなくなってしまいます。そこで、やるべきことそれぞれについて自分にとっての意義を明確にすることで、行動に優先順位をつけ、自分全体をマネジメントするようにしていきます。

C 未来での活躍をプロデュースする
C-1.「教えるということも探究する」
【フラットな学び場（No.16）　参加している全員がつくり手】
　教え方について考えているときに、教員と学生が教える人・教えられる人という前提で授業を進めてしまうと、学生自ら考える機会が少なくなってしまい、いつの間にか、学ぼうとする気持ちを奪ってしまうかもしれません。そこで、授業は自分が中心となって実施していくものではなく、学生といっしょにつくっていく場であると考えます。

【興味をおこす（No.17）　学びたい気持ちに着火する】

　授業の設計、準備をしているときに、組織の後輩や部下などに教えてきた感覚のままに、学生へ何かを教えようとしても、うまくいかないことがあります。そこで、学生の興味を引き出す工夫を散りばめていくことで、学びたいという気持ちを高めていけるようにします。

【伝え方のチューニング（No.18）　届いているだろうか】

　授業を実施しているときに、大切なことだから、分かってほしいからといくら熱く伝えても、実際には全然理解されていなかったということもあり得るかもしれません。そこで、学生の反応を見ることで、相手の理解状況を推察し、それにあわせて伝え方を調整していくようにします。

C-2.「いきいきとした学びを提供する」

【実務のリアリティ（No.19）　現実だからこそ、臨場感のある学びに溢れている】

　実務家教員ならではの学びの環境を提供していきたいと考えているときに、せっかく実務家教員であるのに、机上の勉強ばかりだと、学生に渡せる価値が薄くなってしまうかもしれません。そこで、これまで培ってきたつながりを活用して、実際の現場に学生たちを連れて行く機会をつくり、現場ならではの深みや重みを感じてもらえるようにします。

【心動く体験（No.20）　ホンモノを味わうことで生まれるワクワク感】

　学生が実際の現場で学んでいるときに、現場に行っても、見ているだけだったり、本業とは関係のない雑用をしたりするだけだと、学生の学ぶモチベーションにつながっていきません。そこで、実際の現場で一部の役割を任せるなど、活躍できる機会をつくることで、その仕事に大切なマインドやスキルを自ら気づけるようにします。

【失敗の受け止め体制（No.21）　その経験をすることは本当の力につながる】

　学生が現場で学び続けているときに、なるべく問題が起きないように事前に防ごうとしてしまうと、現場で得られるはずの大きな学びのチャンスを逃

してしまうかもしれません。そこで、失敗も貴重な経験となると捉え、その場でフォローしてもらいながら、対処につながるヒントを伝えてもらったり、有意義な振り返りをしてもらえたりするような体制や環境を整えます。

C-3.「未来へ送り出す」

【思考へのフィードバック（No.22）　自ら決めて動きながら、実践レベルを上げていく】

　学生が自立的に成長できるよう考えているときに、たくさんの知識を伝えたり、実務の現場を体験してもらったりしても、受け身のまま情報として蓄積していくだけでは、実際の現場で役立てることができません。そこで、学生が自分自身で意思決定をし、その考えや行動に対するフィードバックを周囲から得られるように、授業やゼミの活動などを設計していきます。

【活躍の仕込み（No.23）　社会を助けるヒーローにはどんな道具が必要だろうか】

　社会課題の解決に貢献していける人を育てたいと考えているときに、今目の前にいる学生たちが未来で力を発揮できないと、課題は解決されないままになってしまい、社会はよくなっていかないかもしれません。そこで、未来の変化を見据え、社会に出たときに持っておくべき力をデザインし、その力がつくようにサポートをしていきます。

【Keep on Updating（No.24）　未来に連れていける自分でいるために】

　未来で活躍できる学生を育て続けていきたいと思っているときに、自分が留まってしまうと、未来で学生が役立てられる知識やスキルを教え続けることができなくなってしまいます。そこで、好奇心を持っていろいろなことに挑戦しながら自分の領域を広げ、未来への感度を高めつつ、自身を更新し続けるようにします。

2.3　「実パタ」の作成過程と全体像のまとめ

　以上、２. では「実パタ」の作成過程と全体像を紹介した。「実パタ」は、実務家教員としての一歩を歩み始めたり、実際に実務家教員として活躍した

りしていくためのヒントとなる「わざ」をことばとして紡いだものである。既に述べたように、パターン・ランゲージは抽象的な理念でもなければ具体的なマニュアル（行動指示）でもない、「中空のことば」で書かれることによって多様な解釈、自分なりの活躍のあり方の模索が可能になるとされている。だが、それは具体的にはどのようなことなのだろうか。

　筆者はこれまでに、「実パタ」を用いた学外者向けのワークショップを 5 回、社会構想大学院大学実務教育研究科の授業内でも 7 回行ってきた。また 2022 年 9 月 11 日行われた実務家教員 COE シンポジウムでは、「実務家教員という生き方 – パターン・ランゲージを通じて考える – 」という基調講演を行った。そのような経験、特に参加者や受講者の反応やアンケートの回答から、「実パタ」が確かに自分らしい活躍のあり方を探究的に考えるのに有効であるという実感は持っているが、それについて検討を行うことはできていない。そこで、3. では「中空のことば」で書かれた「わざ」としての「実パタ」が、どのように学びや気づきを促し得るか、その機能について分析・考察していく。

3．ワークショップにおいて「実パタ」はどのように機能するのか

3.1　はじめに

　3. では、本稿のもう 1 つの目的である、「実パタ」がどのような学びや気づきを促し得るか、その機能について検討する。具体的には、筆者がファシリテーターとなって行った「実パタ」を用いたワークショップを対象とし、ワークショップ参加者らが何を語り合い、何にどのように気づき、どのような学びを得たのかについて、その対話内容について示し分析した上で、対話の過程において「実パタ」がどのように機能したかについて考察を行う。

　ワークショップは社会構想大学院大学実務教育研究科の専門職学位課程（修士課程に相当）の 1 年次のゼミである「探究基礎演習」の中で行った。ワークショップではまず、筆者が「実パタ」の概要について 30 分程度で説明を行い、それを受けて参加者は 10 分間それぞれ個人ワークに取り組んだ。具体的には、概要の説明資料や「実パタ」の PDF（伴野・正井・阿部 2023）

を参照しながら、1〜3つ程度気になるパターンを選び、さらに気になる理由を考えるワークを行った。ワークの方法に関する説明を筆者が行った際、気になる理由はどのようなものでも構わないことを強調した。また、パターンは従うべき規範や規則ではないことも伝えた。

　参加者は8名であったが、そのうち1名はグループワークの途中からの参加であったため、グループワーク開始時にいたのは7名であった。ワークショップはMicrosoft Teamsを用いたオンライン会議を通じて行い、参加者は全員オンラインでの参加であった。オンライン会議はグループワークも含めてすべて録画を行った。大学院の授業はすべて録画されていること、入学後半年以上が経っていることから、授業内で行われた本ワークショップが録画されている状況は参加者にとって自然なものであり、発話への影響は少ないと考えられる。なお、当日リアルタイムの参加はできなかったが、録画を確認し、自分自身でワークを行った大学院生が2名いた。

　グループワークは、3〜4名の2つのグループに分かれて45分間かけて行った。まず、どのパターンを選んだのか、選んだ理由やそこから考えたこと、今後広義の実務家教員としてどうありたいかについてディスカッションを行った。広義の、としたのは参加した大学院生全員が高等教育機関における実務家教員を目指している、あるいは授業を担当しているというわけではないためである。ただし、教育実践の場として想定されるのが高等教育機関とは限らないとはいえ、自分自身の実務経験をもとに、暗黙知や経験知、実践知などと呼ばれる知を言語化・体系化し、他者への伝達や教育、人材育成などを通じて知の社会実装を行っていこうとしている点においては全員が共通している。ディスカッション後、内容をまとめて全体での共有を行うための準備を各グループで行った。

　その後、全員がいる場での全体共有を通じて各グループの議論の内容を相互に理解し、ファシリテーターが最後にまとめの発言を行うことでワークショップは終了した。なお、終了後には振り返りのミニレポートを当日の欠席者2名を含む10名が執筆しているが、本稿においては分析の対象には含めない。

3.2　分析

　本節では以下、参加者 A、B、C、D の 4 人によるグループワークの発話を事例として扱う。【　】はパターン名、（　）は筆者による註や補足、[　]はその人の発話中における他の参加者による発話である。発話は個人情報の保護や紙幅を考慮して一部分省略している。その際、省略箇所は（中略）で表す。音声が不明瞭な部分は＊で拍数分示す。下線、波線、二重下線はすべて筆者による。下線にはそれぞれ括弧付きの通し番号を付す。なお、A と Cは実務家教員として高等教育機関で教員をしており、B と D は企業内外で研修や人材育成に関わる仕事をしている。

　分析の対象はワークショップ時の録画の逐語録である。発話のまとまりごとに「断片」とすることで分析の単位とした。逐語録の作成は Microsoft Teams の文字起こし機能を用いて作成したものをもとに、録画を確認しながら筆者が修正を行った。また、逐語録だけでは分かりにくい部分については録画データを繰り返し視聴した。

　分析には談話分析の手法を援用し、対話の過程において「実パタ」がどのように機能したかについて探索的に検討を行う。

　コミュニケーションでやりとりされるメッセージは、それが言語的なものであれば、いくつかの文の集合から構成される。言語行為はいくつかが集まって、状況的ないし意味的により大きなまとまりである談話（discourse）を形成する。談話における内部構造を質的に分析するのが談話分析（discourse analysis）である（橋元 2011）。

　本研究における具体的な手順は以下の通りである。まず、詳細な逐語録を作成した後、「対話の過程において『実パタ』がどのように関わったのか」が見て取れる部分を特定する。次にその部分が含まれる、対話における意味のかたまり、具体的には同じ話題が続いている部分を断片として抽出する。その上で、それぞれの断片の「対話の過程において「実パタ」がどのように関わったのか」について、その表現に注目しながら解釈を行う。紙幅が限られているため、本稿では上記に当てはまる断片すべてを列挙するのではなく、「実パタ」がどのように機能しているかが見えやすいと思われる、以下の 6 つの断片に注目して分析を行っていく。

断片1：Aによる「選んだパターンと選んだ理由」の共有

A：【育てる人】っていうのはまあ、例えば研修なり、まあ教員になるっていう、まあこれやっぱり次世代の人々を育てたいっていうのがあるから、まあ教育になるので、これは自分なりにはそれはそうかなと思いました。(1) 自分の経験則なんで、教えたいってやっぱりやっちゃうなと思って。それ実は受益者である、えっと教えている（対象である）人たちに益となるかどうかっていうのは結構重要だなあと思ったんで、その点は気づき。

次が【社会課題への別アプローチ】って、これもあの、直接的に自分が社会課題にアプローチするわけじゃなくて、育てた人の成長とか成長等して課題アプローチできるっていう視点がこれも気に入りましたということですね。(2) これも気づいたのは、まあ自分一人だったら携われる社会課題って限定的になるけど、まあ、育てる人が多くなればなるほど、多様な課題にアプローチできるっていうのは結構いいアプローチだなと思います。

【Keep on Updating】はもうどっちかって言うと、やっぱそれ育てたり、こういうことするためには自分自身を研鑽していかなくちゃいけないから (3) これ絶対に外せないかなと思っています。

　断片1においてAは選んだ3つのパターン（【育てる人】【社会課題への別アプローチ】【Keep on Updating】）とその選んだ理由をB、C、Dに共有している。下線部 (1)、(2) が示しているように、Aはパターンから「気づき」として新たな視点を得ている。(1) では、自分自身の実務経験をもとに教える際に「教えたいってやっぱりやっちゃう」となってしまうが、【育てる人】として「受益者である」受講者や学生、学習者にとって「益となるかどうか」という視点の重要性への気づきが示されている。(2) では同様に、「自分一人だったら携われる社会課題」は「限定的」になるが、教育を通じて「多様な課題にアプローチできる」ことに気づいたことが共有されている。

　一方、(3) では「自分自身を研鑽していかなくちゃいけないから」「思っています」という語られ方から、新たな気づきとしてではなく、以前から持っていた視点の再認識が行われていると推定される。このような提示のされ方は (1) で「その点は気づき」であったり、(2) で「これも気づいたのは」という述べ方がされていたりするのとは対照的である。

断片 2 ：B による「選んだパターンと選んだ理由」の共有

B：まず 1 番にあげたのは、7 番の現場の、【現場のかけもち】です。これ、あの私えっと大学で教えることになって、もう 13 年目なんですけれども、その時に決めてるっていうか、自分の中であの掲げているのが大学とビジネスの現場の往復作業をせよっていうですね。（中略）
それと 2 つ目は 19 番の【実務のリアリティ】。これやっぱりあの実務をやってるからこそ、えっと本当にこうなんてかな何が今必要なのか、学習者にとって何が必要なのかっていうことを逆にこうディレクションして行けるし、っていう、ええ、ことをすごく感じるんですよね。（中略）
(4) で、あのAさんの話を聞きながら、3 番挙げたんですけど【社会課題への別アプローチ】。（中略）私、もともと大学で教えるようになったのは、幼児教育科の保育士を育てることに注力しないと、女性が保育所に子供預けて働けないからっていうですね。（中略）あの、やっぱり社会貢献の一環として直接女性の云々するわけじゃないけれども、保育士を強くすることが私の社会貢献ですね。

　Bは【現場のかけもち】【実務のリアリティ】を選んだこととその理由についてパターンを通じて再確認したことを示しながら説明した上で、(4) からの発話を行っている。(4) から分かるのは、BはAの発話を聞きながら自分自身の教育実践を振り返ることで 3 つ目のパターンを選んだということである。【社会課題への別アプローチ】というパターンに関するAの発話が思考の連鎖をもたらし、「社会貢献の一環として直接女性の云々するわけじゃないけれども、保育士を強くすることが私の社会貢献」という形でB自身の実践の意味づけを促している。

断片３：Cによる「選んだパターンと選んだ理由」の共有

> C：まず、２番（【育てる人】）があの (5) 先ほどAさんがおっしゃった、もうこれが使命なんだろうなって思いました。やっぱり次世代につなげるっていうことがもう使命だって思っていて（中略）で、(6) その上で何をするんだっていうと【学問への接続】なんだろうなと思っています。これが教える側の提供価値として最も価値が高いことなんだろうなあっていうふうに思いまして。まあ実務しかしてない人にとってみたらですね。で、(7) 【思考へのフィードバック】については）最終的な成果っていうのは教えることではなくて、その受けた方が自律的に自分でこう検証を回せるというか、えっと、自分で学び、高めていくっていうその動きをすることが成果であっ、何だろう？（中略）まあバトンタッチなわけですよね。なのでバトンタッチした＊＊（相手の）方が自走した、走り続けて、検討を重ねていくっていうことが、その、行為をするぞっていう人ができあがることが正解なんだろうなと思ったので、なんかこういうリレーなんだろうな。（中略）なので、(8) 本当、論文とかもそうですけど（中略）なんかこういうのっていうのは、なんかこう自分の成果発表会というよりもなんかこう長い人生こうなんかいろいろこうつなぐリレーなんだっていうのが、そもそも思ったところなので。

　断片３はCが【育てる人】【学問への接続】【思考へのフィードバック】の３つを選んだと伝えた後に続く発話である。

　(5) においてCは「先ほどAさんがおっしゃった」とAの発話に言及している。この表現はAの発話を受けているように見えるが、その直後に現れるのは「もうこれが使命なんだろうな」「次世代につなげるっていうことがもう使命」と繰り返し使命について言及している。これにより、Cは【育てる人】というパターンおよびAの発話に「使命」という新たな意味を与えている。同様に、波線部分が示しているように「価値」「成果」という観点を提示することで【学問への接続】【思考へのフィードバック】という２つのパターンにそれぞれ意味づけを行っている。

　ところで、Cは３つのパターンについてまとまりのあるストーリーの形で語っている。そのことは、(6) において【育てる人】を使命として行っていった上で【学問への接続】を行うという示し方に端的に現れているが、それだけではない。(7) では【思考へのフィードバック】というパターン名が示されることなく、そのまま最終的な成果の話へとつながっている。このような説明のあり方は、それぞれのパターンを別のものとして考えた際には考えにくい。また、(6) につながる【学問への接続】に関する説明では価値の

高さへの言及に留まっていたものが、(8) で「論文とかもそうですけど」「自分の成果発表会というよりも」によって回収され、詳述されていることにも注目する必要があるだろう。これらのことから、Cは3つのパターンをストーリーとして紡ぎ直していることが分かる。

　Cの発話は比喩表現が多用されていることも特徴的である。(5) において次世代につなげることが使命であることが示されていたが、その「つなぐ」イメージが二重下線部「バトンタッチ」「リレー」といった比喩表現へとつながっていく。これらの比喩は、「自律的に自分でこう検証を回せる」「自分で学び、高めていく」ことのできる、「自走した、走り続けて、検討を重ねていく」ことのできる人の育成のイメージと重なる。「つなぐ」ことと「自走」「走り続ける」こととが重なるところに、これらの比喩が立ち現れている。また、それによって発話全体において同様のテーマが貫かれていることが示され、「長い人生こうなんかいろいろこうつなぐリレー」という表現が示されることで、最初の【育てる人】のイメージへと再度つながっていっている。

断片4：Dによる「選んだパターンと選んだ理由」の共有

D：2つはAさんと実は一緒で（中略）1つ目、【育てる人】ですね。えっと、選んだ理由は、ですね、あの (9) 教える人っていう表現じゃなくて、育てる人っていう表現に惹かれました。で、まあ知識を伝えるだけじゃなくて、自分の人間性とか、言葉も高めて、「D先生がお手本」と感じてもらえるような教員になりたいなと思ったから選びます。
　で、2つ目ですね、【フラットな学び場】、番号で言うと16番になります。なんか、(10) 自身の教育現場で、教員と学生ってちょっと完全に分かれちゃってるような雰囲気があるので、結構ワンウェイな感じになっちゃってるんですね。なので、まあ (11) ティーチングからコーチングっていうふうにシフトしていく必要があるんじゃないかなと強く感じているところです。はい。
　はい、で、えっと、最後3つ目ですね。ええと、Aさんと一緒で【Keep on Updating】っていうところで、(12) 僕、あのKeep onなんとかingが好きで、Keep on believingとかKeep on learningとかそういうなんかその言葉に弱いんで。[B：なんでですかあ、なんで？] ああ、はい、なので、まあ、あのBさんもおっしゃってたように、実務を知らないともう教えられないんで。あの、実務の分野でもupdating。自分をupdatingしながら実務家教員を続けていきたいなあっていうふうなところです。

　断片4はDの発話である。(9)、(12) においてDはパターン名の表現に注目している。ワークに際してファシリテーターである筆者は気になる理由はどのようなものでも構わないことを強調したわけだが、Dは【育てる人】【Keep on Updating】という2つのパターン名の表現そのものに注目している。パターン名の表現そのものが気になることを出発点として、同時にあるいは事後的にその気になる理由が与えられることになる。

　(10) ではそのベクトルは逆になる。教員と学生が「完全に分かれちゃってるような雰囲気」「ワンウェイな感じ」という日常的に持っている問題意識が【フラットな学び場】というパターンを通じて改めて意識化・焦点化されている。それは「ティーチングからコーチングっていうふうにシフトしていく必要がある」という (11) につながるものであるが、ティーチングではないという視点は (9) における教える人（という表現）ではないという視点と重なるものである。

断片5：4人による共有の直後、Bによる【育てる人】への言及から始まる対話

B：なんか、あの、【育てる人】、聞いたら本当そうですよね。(13) <u>教える人じゃなくて。</u>(14) <u>育てる人を選ばなきゃダメでしたよね。</u>

A：(15) <u>そんなことないと思いますよ。</u>

D：あ、なんかあの (16) <u>教員っていうよりも、お母さんとかお父さんって、そういうな</u>んか柔らかい印象が好きですね。

A：うん、なるほど。

B：なるほど。

A：そんな視点で見てなかった。なるほど。

C：うん。

B：私は、(17) <u>なんかあのお母さんとかお父さんじゃないけど、お母さんとかっていう</u>か、なんか語る人、伝える人、みたいな。あんまりこう教えてるっていう概念がないんですよね。語ってる人みたいな。（中略）皆さんに今日は大事なことを教えますじゃなくて、いつもみなさんに伝えますって言ってる自分があるんですよね。うん、でも、(18) <u>よく考えたらそれは育ててるということですよね。</u>(19) <u>2番（の【育てる</u>人】）に変えようかな。（中略）
あ、【未来で役立つコト】っていうのがここにありますね。（独り言のような声の出し方でポツリと）私、これかもしれない。

　4人がそれぞれ自分の選んだパターンについて説明した直後、Bは（14）において、B以外の3人が選んでいた【育てる人】について選ぶ必要があったと言及している。それに対し、Aは選ばなければならなかったわけではないと、（15）において否定する。さらにそれを受け、Dは（16）において「教員っていうよりも、お母さんとかお父さん」と、Cが断片3で示したものとはまた異なる比喩表現を提示する。

　（16）におけるDの発言は唐突なようにも見えるが、ここでDが発話権を取っている背景には2つのことがあると考えられる。まず、単純に断片5の直前に発話をしていたのがDであったことが挙げられるが、次の理由の方がより本質的なものであるだろう。それは、Bが（13）において「教える人じゃなくて」と述べていることである。AとCもこれに関連する発言はしているが、この場において「教える人ではなくて【育てる人】」という観点を明示的に導入したのはDである。だからこそDは（16）において「教員っていうよりも」と発言し、断片4から続く流れを受けて発話していると考えられるのである。

　では、なぜ「お母さんとかお父さん」なのか。それはD自身が（16）で言及しているようにDが描く教員像として「柔らかい印象が好き」だからであるが、では多様にあると想定される「柔らかい印象」のことばの中でなぜ「お母さんとかお父さん」なのか。それは「お母さんとかお父さん」が【育てる人】として想定されるからであろう。「教員」ということばが硬い印象のことばかどうかは別として「お母さんとかお父さん」のような「柔らかい印象」ではないことは確かだろう。ここで「父母」や「両親」などではなく「お母さんとかお父さん」ということばが選ばれている点も注目する必要があるだろう。漢語ではなく和語が選ばれている点も、Dが【育てる人】を「柔らかい」人だと捉えていることを示唆している。

　Dの発話をA、B、Cがそれぞれ受け止めた後、この断片冒頭において【育てる人】への焦点化を行ったBが「語る人、伝える人」という観点を提示する。Dにおいては「教える人ではなく【育てる人】」「教員ではなくお母さんとかお父さん」であったものが、「教える人ではなく『語る人、伝える人』」という対比を経て、（18）で示されているように、B自身のあり方も別の形で「教える人ではなく【育てる人】」であるという発想に行き着いているの

である。このことを模式的に表せば以下のようになるだろう。

```
D：　教える人ではなくて【育てる人】 ➡ 　教員ではなくて「お母さんとかお父さん」
                                        ⬇
B：　教える人ではなくて【育てる人】 ⬅ 　教える人ではなく「語る人、伝える人」
```

　ただし、そこで思考が止まることはなかった。Bは「実パタ」の全体を改めて眺め、自分自身のあり方により近いものとして【未来で役立つコト】に言及している。(19) では「これかもしれない」と述べており、考えが確定しているわけではないが、パターンを眺めることが考え続けること、考えを模索し続けることにつながっていることは指摘できるだろう。

断片6：Bによる【オリジナルな領域】に対する批判的解釈から始まる対話

> B：私、これあの、10番の【オリジナルな領域】っていうのを見たときに、今のマルチタスクどころか、もうあのなんて言うの、一個の専門じゃ、例えば星野源とかそうじゃないですか。俳優もやって随筆もやって、あの歌も歌ってみたいなですね。なんで星野源かは別に深い意味はないんですけど、なんかそういうこう (20) なんでもマルチタスクでやる。だけど1つひとつが秀でてるっていうのが結構トレンドじゃないですか。だからその実務家教員が何かの専門家になっていくっていうことがどうなのかなあって。例えば (21) 〇〇と〇〇と〇〇の専門家みたいな、なんかこれ一つじゃもうない、ない時代（中略）なんかこう実務家教員も、もう何とかと何とかと何とかの専門家みたいな時代が来てるのかなあっていう気もしたので。（中略）
> A：まあ、うん、そうですね。はい。でもそう、(22) そういう人たち、〇〇の専門家の枠が外れちゃうからっていうことですね。
> B：なんか話がそれましたけど。
> A：なるほど。(23) いやあ、おもしろいな視点が。おもしろいですね。

　断片6においてBは、歌手や俳優などとして活躍している星野源を例に挙げながら、【オリジナルな領域】について疑問を呈している。星野源はもちろん実務家教員ではないが、(20) で示されているように「なんでもマルチタスクでやる。だけど1つひとつが秀でてる」ことが、「トレンド」の時代において1つの専門について【オリジナルな領域】をつくることに疑義を唱

えているのである。

　もちろん、【オリジナルな領域】と言った際に、パターンそのものが複数の専門を挙げてはいけないと言っているわけではないが、パターン名が示しているものが正しいのかBの意見が正しいのかを論じることに意味はないだろう。ここで重要なのは、【オリジナルな領域】というパターン名を見て、(21)にあるようにBが実務家教員にも複数の専門性が必要であるという発想を得たこと、それがグループワークの場で提示され、その視点のおもしろさが他の参加者にも共有されたこと、そしてそのような視点を他の参加者も持ち得る環境が立ち現れたことである。さらに言えば、これによってパターン・ランゲージが従うものとしてではなく、観点を得て自分なりに考えたり議論したり対話をしたりするためのツールとしての共通理解がこの場で共有されたことも重要だろう。(22)(23)におけるAの発話から、Bの考えがこの場において受容されたことが示唆される。

3.3　考察

　以上、3.2では6つの断片に注目し、分析を行ってきた。3.3ではワークショップ中の対話過程において「実パタ」がどのように機能したかについて考察を行う。結論から先に述べれば、6つの断片において「実パタ」は以下に挙げる10の機能を果たしていたと考えることができる。

1) パターンによって、以前は持っていなかったあるいは意識してこなかった新たな視点を得る
2) パターンによって、以前から持っていた視点や思考について再確認したり再認識したりする
3) パターンによって、自らの思考や実践を意味づけたり再解釈したりする
4) 自らの思考や実践によって、パターンを意味づけたり再解釈したりする
5) パターンによって、他者との共通点や相違点を認識する
6) パターンによって、考え続けたり模索し続けたりする
7) パターンによって、比喩表現の生成や表出が促される

8）　パターンを出発点として、発話や対話のまとまりや連鎖を生じさせる
　　　A）　発話における意味のまとまりを形成し、発話に結束性や一貫性を
　　　　　もたらす
　　　B）　他者の発話に言及し、自らの発話と関連づけることで、パターン
　　　　　が発話の連鎖をもたらす
　　　C）　他者の発話に刺激を受け、自らの実践と関連づけることで、パ
　　　　　ターンが思考の連鎖をもたらす
9）　パターン名の表現そのものを出発点として、思考が促される
10）　パターンやパターンを通じて考えたことをつなぎ合わせることでス
　　　トーリーを紡ぐ

　以下、それぞれについて考察していきたい。1）と2）は、断片１におけ
るＡの発話に典型的に現れている。パターンを通じて、気づきとして新た
な視点を得たり、以前から持っていた視点の再認識が行われたりするという
もので、「実パタ」の最も基本的な機能であると思われる。
　3）と4）は方向性が逆であるが、意味づけや再解釈が行われるという意
味では共通している。3）については例えば、断片２においてＢが【社会課
題への別アプローチ】というパターンを通じてＢ自身の実践の意味づけを
行っている。4）については、例えば断片３においてＣがパターンに「使命」
「価値」「成果」といった意味や新たな解釈を加えている。断片６においてＢ
が【オリジナルな領域】を批判的に考察し、○○と○○と○○の専門家とい
う考え方を提起していることもまた、4）の例だと言うことができるだろう。
　5）について、共通点に関しては他の人の選んだパターンへの言及が繰り
返し現れていることから、相違点については断片５でＢが他の人が【育てる
人】を選ばなかったことに関する発話から見て取ることができる。また同じ
く断片５においてＢが「２番（の【育てる人】）に変えようかな。あ、【未来
で役立つこと】っていうのがここにありますね。（独り言のような声の出し
方でポツリと）私、これかもしれない」と述べていることに典型的に現れて
いるように、パターンが6）考え続けたり模索し続けたりすることを促すよ
うに機能している。7）については、パターンに関する断片３における「バ
トンタッチ」「リレー」、断片５における「お母さんとかお父さん」といった

比喩表現がパターンとの関わりの中で語られていることに見出されるだろう。

　8）は、パターンがまとまりや連鎖を生じさせる機能である。石黒（2011）によれば、結束性、一貫性はともに文章の構造に関して「文の連続性を保証する概念」であり、結束性は「文どうしをつなぐ形態的な連続性を重視する」のに対し、一貫性は「文の内容の連続性を重視するものである」。これは同じ人によって同一パターン名への言及が繰り返し行われることで、A）発話における意味のまとまりを形成し、発話に結束性や一貫性をもたらすというだけではない。断片 3 で C が「先ほど A さんがおっしゃった」と A の発話に言及していることに現れているように、「実パタ」は B）他者の発話に言及し、自らの発話と関連づけることで、パターンが発話の連鎖をもたらす。連鎖がもたらされるのは発話そのものだけではない。C）他者の発話に刺激を受け、自らの実践と関連づけることで、パターンが思考の連鎖をもたらす。これは、断片 2 において、【社会課題への別アプローチ】というパターンに関する A の発話が B に自らの実践の意味づけを促すという連鎖にその例を見ることができるだろう。

　9）は、断片 4 で D が【育てる人】【Keep on Updating】の表現そのものに注目していることにより見いだされる機能である。図表 4 - 1 が示しているように、パターン・ランゲージの作成においては、レビューとリバイズを繰り返しながらメッセージおよびパターン名を確定していくが、「実パタ」は、作成時点においてそもそも「気になる」「惹かれる」魅力的なことばとして紡がれるように工夫されている。

　最後に、10）についてである。これは断片 3 が 3 つのパターンに貫かれ、1 つのストーリーとして紡がれていることにその例を見ることができるだろう。これは 8）の例と捉えることも可能であるが、複数のパターンを含むストーリーとなっている点が特徴的である。

3.4　ワークショップにおいて「実パタ」はどのように機能するのか

　以上、3. では「実パタ」を用いて行われるワークショップにおいて、「実パタ」がどのように機能するのか、筆者がファシリテーターとなって行ったワークショップを事例として検討を行った。6 つの断片に対する分析とそれ

らに対する考察から、本稿においては10の機能を見いだすことができた。もちろん、ワークショップの実施方法や参加者の構成などが異なれば、本稿で見てきたものとは異なる対話が展開される可能性もある。だが、「実パタ」があることで思考や発話、対話が促されたり継続されたりするという機能の全体像としては、おそらくどのような対話の場であっても同様のことが言えるのではないだろうか。また、これは副次的なものではあるが、3.2において具体的な対話の断片を6つ示すことができたことで、「実パタ」が対話にどのように機能するのか、「実パタ」があることでどのような対話になっていくのかのイメージを示すこともできたと考えられる。

4．まとめと今後の課題

　以上、本稿では、実務家教員として活躍していくための「わざ」としての「実パタ」を紹介した上で、「中空のことば」で書かれた「わざ」としての「実パタ」が、どのような学びや気づきを促し得るか、その機能について検討した。具体的には、「実パタ」を用いたワークショップを事例として取り上げ、その中で参加者が何にどのように気づき学んでいくのかについて分析・考察を行った。その結果、「実パタ」の全体像や「実パタ」の活用事例について示しつつ、「実パタ」が対話においてどのように機能し得るかについても検討することができたと考えられる。

　繰り返しになるが、クリエイティブシフトのウェブサイトが示しているように、パターン・ランゲージは、経験豊富な人たち、熟達者の語りの中から抽出された「わざ」が言語化・可視化、体系化され、他の人が「やってみたくなるヒント集」、新しい「知恵の伝承＆学び」の方法としてまとめられたものである。パターン・ランゲージがあることで、コツを日常の中で「使いながら学ぶ」ことができ、さらに「自分なりの創造」の幅を持って試行錯誤していけるため、よい学びを速く自分らしく積み重ねていくことができるようになる。また、ワークショップにおいて筆者がファシリテーターとして強調したように、パターン・ランゲージは従うべき規範や規則ではない。その意味で、「実パタ」の活用のされ方や「実パタ」を通じた気づきのあり方、学びや成長の継続のあり方は非常に多様なものとなり得る。

　「実パタ」を用いた気づきや学びの機会の提供を継続し、実務家教員となり、実務家教員として活躍していくためにはどうすればよいかについて考え続けることのできる環境を整備していくこと、また、その機能や効果について検討を続けることは、すべて筆者に課された今後の課題である。

附記

　「実パタ」は、社会構想大学院大学「実務家教員COEプロジェクト」の成果の一部です。本パターン・ランゲージが、みなさんにとって実務家教員としての一歩を踏み出したり、実務家教員として活躍し続けたりするための一助となれば幸いです。インタビュー調査にご協力くださった17名の実務家教員のみなさまに感謝申し上げます。

　なお、本稿の前半部分（1.および2.）は、伴野（2023）をもとに大幅に加筆修正をしたものです。

参考文献

Alexander C., S. Ishikawa, M. Silverstein, M. Jacobson, I. Fiksdahl-King and S. Angel. (1977) *A Pattern Language: Towns, Buildings, Construction*, Oxford University Press.（= 平田翰那訳（1984）『パタン・ランゲージ —— 環境設計の手引』鹿島出版会）

橋元良明（2011）「メッセージ分析」高橋順一・大渕憲一・渡辺文夫編『人間科学研究法ハンドブック』ナカニシヤ出版

井庭崇編著（2013）『パターン・ランゲージ —— 創造的な未来をつくるための言語』慶應義塾大学出版会

井庭崇編著（2019）『クリエイティブ・ラーニング —— 創造社会の学びと教育』慶應義塾大学出版会

石黒圭（2011）「文章理解における一貫性の把握について」『一橋大学国際教育センター紀要』2: 3-11

実務家教員COEプロジェクト編（2022）『実務家教員という生き方 —— 人生100年時代の新しい「知」の実践』社会構想大学院大学出版部

金子智紀・井庭崇（2022）『ともに生きることば —— 高齢者向けホームのケアと場づくりのヒント』丸善出版

川喜田二郎（1986）『KJ法 —— 渾沌をして語らしめる』中央公論社

株式会社クリエイティブシフト ウェブサイト「パターン・ランゲージとは」<https://creativeshift.co.jp/pattern-lang/>（2023年7月1日閲覧）

文部科学省（2021）学校教員統計調査「政府統計の総合窓口（e-Stat）」<https://www.e-stat.go.jp/stat-search/files?page=1&toukei=00400003&tstat=000001016172>（2023年7月1日閲覧）

野澤祥子・井庭崇・天野美和子・若林陽子・宮田まり子・秋田喜代美（2017）「保育者の実践知を可視化・共有化する方法としての『パターン・ランゲージ』の可能性」『東京大学大学院教育学研究科紀要』57: 419-449

野中郁次郎・竹内弘高（1996）『知識創造企業』東洋経済新報社

伴野崇生（2023）「「実務家教員のためのパターン・ランゲージ ―― 新しい道を切り拓いていくための24のことば」の作成過程と全体像」『実務教育学研究』2: 27-43

伴野崇生・正井美穂・阿部有里（2023）「実務家教員のためのパターン・ランゲージ ―― 新しい道を切り拓いていくための24のことば」『社会構想研究』5 (1) : 29-88

伴野崇生・今井桂子・山本絢子・柘植雅則・山口圭治（2023）「プレFD段階におけるパターン・ランゲージの活用と知識生産（1）―― Gibbons, M.のモード論を補助線として」『第19回大学教育カンファレンスin徳島 発表抄録集』, 60-61

伴野崇生・宇田川努・江沼英篤・鍛治暢宏・近咲子・田中志保・柘植雅則・中島亮太郎・廣瀬道代・堀田雅夫・山口圭治（forthcoming: 2024）「パターン・ランゲージを用いたプレFDの効果 ―― 「実務家教員のためのパターン・ランゲージ」を用いたワークの発話分析」『第30回大学教育研究フォーラム発表論文集』

山口圭治・宇田川努・江沼英篤・鍛治暢宏・近咲子・田中志保・柘植雅則・中島亮太郎・廣瀬道代・堀田雅夫・伴野崇生（2023）「プレFD段階におけるパターン・ランゲージの活用と知識生産（2）―― 私たちはパターン・ランゲージを媒介として何を考えたか」『第19回大学教育カンファレンスin徳島 発表抄録集』, 62-63

第2部

実務家教員の展望

　第2部では、能力開発や業績評価に関する高等教育論の知見と実務家教員養成の実践における知見、実務家教員のリフレクションの知見を取り上げることで、実務家教員の今後の能力開発のあり方を明らかにする。

　まず、第5章と第6章では、能力開発・業績評価それぞれのあり方を高等教育論の見地から検討し、高等教育機関における能力開発や業績評価の目指すべき方向性を示す。

　続く第7章では、「進化型実務家教員養成プログラム（TEEP)」において用いられるポートフォリオ「実務領域診断カルテ」を、第8章では実務家教員である筆者自身の教育・研究・大学実務の実践についてのリフレクションを、第9章では、社会構想大学院大学「実務家教員養成課程」の内容をそれぞれ取り上げ、実務家教員の発揮するコンピテンシーとその実践的な能力開発のあり方を検討する。

第5章

実務家教員の能力開発

1 実務家教員の能力開発とその意義

1.1 実務家教員への期待と課題

　実務家教員の登用が促進される背景には、実務家教員に対する大きな期待がある。その期待とは、教育において現場の知識や技術を提供すること、学生のキャリア形成に対して支援すること、実務家としての経験のない教員との交流を通した組織全体の活性化を図ることなどである。

　このような期待の一方で、実務家教員の教育上の課題も示されている。例えば、自らの実務経験をエピソードとして紹介するだけにとどまってしまう、背伸びをして無理に学問的な授業を行ってしまう、一方的な知識伝達型の授業を行ってしまう、学生が活発な議論を行えばうまくいったと勘違いしてしまう、学生の人気取りに陥ってしまう、自分の受けた教育スタイルに固執してしまうなどの課題が指摘されている（妹尾 2008）。

　実務家教員が期待に応えて活躍するためには、能力開発が1つの鍵となるであろう。本稿では、実務家教員の能力開発とはどのような活動なのか、能力開発にはどのような意義があるのか、現状どのような能力開発のプログラムが提供されているかなどを踏まえ、実務家教員の能力開発のあり方について検討し今後の示唆を得ることを目指したい。

1.2 大学設置基準における位置づけ

　まず、大学教員の能力開発とはどのような活動なのであろうか。大学教員の能力開発は、FD（ファカルティディベロップメント）と呼ばれる。日本では、大学設置基準という省令においてFDの位置づけが示されてきた。1999年にFDの実施が努力義務化され、2008年にFDの実施が義務化された。

　一般にFDの定義とされるのは、現在の大学設置基準第11条第2項の、「大学は、学生に対する教育の充実を図るため、当該大学の授業の内容及び

方法を改善するための組織的な研修及び研究を行うものとする」という一節である。「授業の内容及び方法を改善する」と授業改善に限定している点、実施の主体が大学である点、「組織的な研修及び研究」と基本的に研修を対象としている点など議論の余地はあるものの、法令に定められているため認証評価などで活用される定義である。FD以外の能力開発は一般的にSD（スタッフディベロップメント）と位置づけられ、2017年から義務化されている。2022年の大学設置基準の改正では、FDとSDについて定めた項目が第11条にまとめられ、以下のような構成となっている。

> 第十一条　大学は、当該大学の教育研究活動等の適切かつ効果的な運営を図るため、その教員及び事務職員等に必要な知識及び技能を習得させ、並びにその能力及び資質を向上させるための研修（次項に規定する研修に該当するものを除く。）の機会を設けることその他必要な取組を行うものとする。
> ２　大学は、学生に対する教育の充実を図るため、当該大学の授業の内容及び方法を改善するための組織的な研修及び研究を行うものとする。
> ３　大学は、指導補助者（教員を除く。）に対し、必要な研修を行うものとする。

1.3　能力開発の主体

　教員の能力開発の主体は誰にあるのだろうか。大学設置基準では、所属する教員ではなく組織である大学に研修などの機会を設けることを求めている。教員の能力開発の機会を提供する責任が大学にあるのである。

　では、教員は能力開発を受ける権利があるだけで、能力開発に対する責任や義務はないといえるかというと、そのような解釈は適切ではないであろう。教育基本法第9条には、「法律に定める学校の教員は、自己の崇高な使命を深く自覚し、絶えず研究と修養に励み、その職責の遂行に努めなければならない」と記されている。教員は、専門職であり、また、キャリアを築いていくために自分自身の能力開発に対して責任があると考えるべきであろう。

　実務家教員の能力開発の観点では、所属機関が能力開発の機会を提供する責任があるとともに、所属する教員に自分自身の能力開発を行うことに対す

る責任を自覚させることが求められると言える。

1.4　能力開発の意義

　実務家教員の能力開発にはどのような意義があるのであろうか。ここでは、学生に対する教育の充実、教育環境変化への対応、教員コミュニティの形成、教員の自己実現の支援の4つの観点で実務家教員の能力開発の意義を整理したい。

（1）学生に対する教育の充実

　実務家教員の能力開発の意義の1つは、大学設置基準に記されているように、「学生に対する教育の充実を図る」ことである。学生に対する教育は簡単なものではない。調査によると、教育能力を獲得するには10年程度の期間が必要とされていることが指摘されている（石井 2010）。実務の現場において後輩指導に慣れた実務家教員でも、カリキュラムに基づいて多人数を対象とした授業を実施するには、そのための知識や技能が必要になる。

（2）教育環境の変化への対応

　実務家教員の能力開発は、教育環境の変化へ対応するための手段としても位置づく。実務家教員が学生だった時と現在では大学教育は変化している。例えば、「ディプロマ・ポリシーとカリキュラム・ポリシーにそったシラバスを作成してほしい」「PBLの形式で授業をしてほしい」「ルーブリックを作成して評価してほしい」「オンデマンド授業のための教材を準備してほしい」「生成AIの時代にあった方法で評価してほしい」など、授業に対する要望は年々増加している。

（3）教員コミュニティの形成

　実務家教員の能力開発は、教員コミュニティの形成の手段の1つとして位置づけられる。授業は教員個人で行われることが多く、教員集団には相互不干渉主義の文化があると指摘されることがある（日本教育経営学会編 2000）。ほかの教員の活動について口を出さないので、自分の活動についても口を出さないでほしいというものである。このような文化は、組織的な教

育の改善や個々の教員の成長にマイナスの影響を与えるおそれがある。その
ため、教員間の交流を含む能力開発は、教員間の学び合いや支え合いを促進
する教員コミュニティを形成するという側面がある。

（4）教員の自己実現の支援

　実務家教員の能力開発は、所属機関の目的の達成だけでなく個々の教員の
自己実現を目指した活動としても位置づけられる。職場内での労働者の権利
に対する意識への高まりからキャリア権という考え方が注目されている。
キャリア権とは、働く人びとが意欲と能力に応じて希望する仕事を選択し、
職業生活を通じて幸福を追求する権利である（諏訪 2017）。
　所属機関の発展のためのみに能力開発を行うだけでなく、自己実現を達成
するために能力開発を行うことも重要である。したがって、所属組織の方針
に基づく研修の機会だけでなく、個々の教員がキャリアの形成に必要な研修
の機会を提供することも検討すべきであろう。

2　実務家教員の能力開発の枠組み

2.1　3つの形態

　実務家教員の能力開発を考える上では、能力開発に関わるいくつかの枠組
みを理解しておくとよい。枠組みの1つは、OJT、Off-JT、自己啓発という
3つの形態である。

（1）OJT

　OJTは、On the Job Trainingを略した用語であり、職場内訓練とも呼ば
れる。用語が示すように、日常の業務に就きながら行われる能力開発のこと
である。
　OJTは、実際の仕事を通して学習するため実践的な知識を身につけるこ
とができる。また、基本的には1人ないし少人数を対象として指導を行うこ
とが多いため、個々の能力や特徴に合った指導をすることができる。さら
に、指導する側の成長や組織内のコミュニケーションの活性化にもつなが
る。一方で、指導の質が指導者に依存してしまうことや指導者の業務と指導

の両立の難しさなどに課題もある。

（2）Off-JT

　Off-JT は、Off the Job Training を略した用語であり、職場外訓練とも呼ばれる。職場から離れた場で行われる能力開発の機会に参加する活動であり、研修が代表的な方法である。

　Off-JT は、職場から離れて行われることで、参加者は学習に集中することができる。また、OJT では業務についての実践的な知識の習得に終始してしまうこともあるが、Off-JT ではそうした知識の背後にある原理などを系統立てて学習することができる。さらに、Off-JT は集団を対象に行われることが多いため、ほかの参加者とのコミュニケーションによって、自分と異なる考え方に触れたり、新たな人的ネットワークを拡大したりするきっかけになる。一方で、職場のニーズと研修内容が合うとは限らないこと、参加者の時間の確保が難しいこと、研修講師を招聘したり、外部の研修に派遣したりする場合の予算を確保する必要があることなどに課題がある。

（3）自己啓発

　自己啓発は、本人が自発的に自身の能力開発を行う活動である。さまざまな組織の人材育成の一環として、各種セミナーへの自主的な参加、資格取得に向けた学習、大学や大学院などの教育機関における学習、書籍による学習などを促進する自己啓発のための支援が行われている。

　自己啓発の長所は、OJT や Off-JT とは異なり、学習者の主体性を期待することができる点にある。また、現在ではさまざまな自己啓発に役立つ書籍やオンライン上の教材などがあり、自分のニーズに応じて学習できる環境は整ってきているといえる。一方で、自己啓発については組織からの強制力がないため、学習をするかどうかは個人の意思に依存してしまう。そのため、自分から学習しない人や学習の途中で挫折する人も存在する。

　OJT、Off-JT、自己啓発という 3 つの形態から考えると、実務家教員の能力開発には特徴がある。まず、教員という職業は、OJT が機能しにくいことである。教員として採用されると、一人前の教員として扱われ、授業を行

うという点ではベテランの教員と同じように仕事を行うことが期待される。教員は1人で授業を行うことが多いため、授業の進め方について先輩の教員などから学習する機会は少ない。上司や先輩などと一緒に仕事をすることで学習してきた実務家にとっては、能力開発の方法の転換が必要になると言える。例えば、自分の授業を先輩の教員に観察してもらい、改善点を指摘してもらうなどの機会を意図的につくることの意義を伝えるとよいであろう。

　実務家教員の能力開発においては、組織が提供する研修などのOff-JTが中心的な役割を持つ。これは大学設置基準のFDの定義とも対応するものである。また、教員の自己啓発についても一定程度支援されている。参加できる研修などの情報提供をしたり、研修への参加や書籍の購入などの費用を大学が負担したりすることが行われている。

2.2　2つの専門家像

　実務家教員の特徴を2つの専門家像という枠組みを踏まえて検討することも有効である。2つの専門家像とは、技術的熟達者と省察的実践家である（Schön 1984=2007）。

（1）技術的熟達者

　技術的熟達者とは、専門的で高度な知識や技能を身につけており、それに基づいて、目的を達成するために、どのような方法が有効かを決定し実施する専門家である。技術的熟達者は、一般的に当てはまる知識や法則を適用し課題を解決できるように学習する。

（2）省察的実践家

　省察的実践家は、複雑で一度きりの場面や文脈のなかで、適切に判断し行動して、学んでいくことができる専門家である。省察的実践家は、経験とその振り返りを通して学習する。

　従来、専門家は技術的熟達者としてとらえられていたため、基礎科学と応用技術の知識体系が整備された医師や弁護士は主要な専門職として認められる一方で、基礎科学と応用技術を厳密化することが難しい教員や看護師など

の職業は主要な専門職と認められなかった。しかし、技術的熟達者と異なる省察的実践家という専門家像が提唱されることで、実践の複雑さを伴う教員や看護師などの職業の専門性の基盤となったのである。

　技術的熟達者と省察的実践家という 2 つの専門家像は、実務家教員の能力開発を考える上で示唆的である。まず、教員という専門職は技術的熟達者と省察的実践家の両方の側面を有しているということである。教育内容や教育方法に関しては一定の知識体系はあるため、それらは教員の専門性の基盤となる。しかし、教員が実際の複雑な教育現場の課題解決を行う上では、それらの知識だけでは十分ではない。実際の経験とその振り返りを通して学習していく能力が求められる。

　具体的な能力開発のあり方に適用するならば、教育や学習の理論や方法を身につける研修だけでは十分ではない。授業の振り返り方を学習する機会や授業評価アンケート結果などの授業を振り返るためのデータを提供したり、ティーチング・ポートフォリオの作成を通して教育観を明確にしていく機会を提供することが重要となるであろう。医師や弁護士のように技術的熟達者の要素の強い実務家が実務家教員になる際には、大学教員の専門家としての能力開発の特徴を丁寧に説明しておく必要がある。

　また、実務家教員の中には経験を通して持論が確立している者も含まれる。教育についても教育観とよぶべき持論は重要であるが、新しい知識や考え方を身につける際に実務家教員が持つ持論が学習の妨げになることもある。そのような場合には、既に学んだ知識や思考などを再考するアンラーンについて、その意義を認識して学習できるように促すことが求められる。

2.3　2 つのコミットメント

　大学の教員は、大学という組織に雇用されて自らの専門性を発揮できる職業である。弁護士や医師は独立して法律事務所や病院を自ら開業することができるが、教員は基本的には大学という組織から独立することができない専門職である。

　組織に所属する専門職には、専門職と所属組織への 2 つのコミットメントが求められる（Gouldner 1957）。専門職へのコミットメントは、専門的な能力を発揮することに責任を負うことである。一方、所属組織へのコミットメ

ントは、組織の一員として能力を発揮することに責任を負うことである。例を挙げると、愛媛大学に所属する教育学を専門分野とする教員には「教育学を専門とする教員である」と「愛媛大学の教員である」という 2 つの役割が期待される。

　専門職と所属機関に対してコミットメントが求められるため、大学教員は時として個人の内面で葛藤することがある。例えば、学会の行事と大学の行事の日程が重なった場合にどちらを優先するのかといった状況に陥る。専門職へのコミットメントの強い教員は「コスモポリタン志向」、職場に対するコミットメントの強い教員は「ローカル志向」と呼ばれる（Birnbaum 1988=1992）。コスモポリタン志向の教員は独立した専門家や学者であることを重視するため、所属大学の行事より学会の行事のほうを重要と感じるであろう。一方、ローカル志向の大学教員は、所属する大学の教員であることを重視するため、所属機関の業務を重要と感じるであろう。

　実務家教員が専門職と所属機関の 2 つのコミットメントを果たすためには、それぞれに対応する能力開発が求められる。専門職であるためには、どのような大学においても役立つ専門性を磨き続け、市場での価値を高めることが求められる。一方、所属組織で業務を遂行するには、その職場独自の方針を学んだり、ほかの教職員の業務内容を理解した上で協働したり、職場内の人脈を広げたりすることで、学内での価値を高めることが求められる。

2.4　専門分野の教授法

　実務家教員の能力開発を考える上では、専門分野によって教員に求められる能力が異なるのかという点も重要となるであろう。

　授業を担当する教員には、専門分野の知識と教えるための知識の両方が必要である。専門分野の知識はContent Knowledge、教えるための知識はPedagogical Knowledgeと呼ばれる（Shulman 1987）。専門分野の知識と教えるための知識には重なり合う部分があることが指摘されている（図表5-1）。なぜなら、専門分野に関する知識と教えるための知識を完全に切り離すことができないからである。この重なり合う専門分野を教えるための知識は、Pedagogical Content Knowledgeと呼ばれ、教員が授業をする上で特に重要な知識である。

　実務家教員の能力開発を実施する際には、さまざまな専門分野の教員を対象に一般的な教えるための知識を習得できる機会をつくることに加えて、個々の専門分野の教員を対象とした各分野に固有の教えるための知識を習得する機会をつくることが効果的である。前者を全学的な研修として、後者を学部などの研修として分けることができるであろう。また、専門分野によっては、専門分野を教えるための知識に焦点をあてた学会が設立され、研修の機会が提供されている場合もある。そのような学外の学習機会を活用するという方法もあろう。

図表 5-1　教員に必要な知識［出典：Shulman（1987）を基に筆者作成］

2.5　能力開発の時期

　実務家教員の能力開発はどのような時期に重点的に実施すべきであろうか。その観点では、入職前型、初期型、生涯継続型の 3 つのモデルが提示されている（佐藤 2012）。

　第 1 のモデルは、入職前型である。大学に勤務する前に教育能力を高める機会を与える方法である。2019 年に大学院設置基準に「大学院は、博士課程（前期及び後期の課程に区分する博士課程における前期の課程を除く。）の学生が修了後自らが有する学識を教授するために必要な能力を培うための機会を設けること又は当該機会に関する情報の提供を行うことに努めるものとする」が加えられた。これを契機に博士課程を有する大学では、将来大学教員を目指す大学院生などに対するプログラムが実施されている。大学教員の採用において、シラバスの提出や模擬授業の実施など教育能力を評価する大学も少なくないため、このような入職前のプログラムは大学院生に対するキャリア支援としても位置づいている。実務家教員についても、入職前に重点的に能力開発の機会を提供する大学もある。

　第 2 のモデルは、初期型である。新任教員などの初期キャリア段階の教員

に対して教育活動の支援を行う方法である。大学教員は組織に所属する専門職であるため、初期キャリア段階の教員は、教育能力などの専門性を高めているとともに、所属する大学の方針を学んだり、学内の人脈を広げていったりするとも重要である。そのため初期キャリア段階の教員の研修は、所属機関で働くための支援としても位置づけることができる。

　第3のモデルは、生涯継続型である。さまざまなキャリアの段階の教員を支援するという方法である。毎年定期的に全学の教員を集めて実施する研修はこのモデルの典型例とされる。認証評価などにおいて教員のFDへの参加率が重視されるため、この形態をとる大学は多い。しかし、キャリア段階やニーズが異なる教員を満足させる研修を実施するのは難しく、日本の大学教員の教育活動の支援は入職前型や初期型に移行していくべきであるという意見もある（佐藤 2012）。

3　実務家教員育成プログラムの現状

3.1　プログラム全体の構成

　ここからは、実際に提供されている実務家教員育成のプログラムの体制や内容について概観していく。実務家教員に向けたプログラムは、多くの大学で新任教員プログラムの中に取り込まれている場合が多いため、ここでは実務家教員に特化したプログラムとして、文部科学省「持続的な産学共同人材育成システム構築事業」において提供されている4プログラムを取り上げたい。ここで扱う4つのプログラムは、「産学連携教育イノベーター育成プログラム」（東北大学など）、「進化型実務家教員養成プログラム」（名古屋市立大学など）、「実務家教員養成課程」（社会構想大学院大学など）、「実務家教員育成研修プログラム」（舞鶴工業高等専門学校など）である。

　実務家教員育成プログラムの対象者の条件は、基本的に実務に携わっていた期間と学歴である。ほとんどプログラムでおおむね5年程度の実務経験を条件としている。ただし、専門分野を限定したプログラムにおいては10年と関連する資格の所有を条件としている場合もあり、学歴についてはおおよそ大学卒業相当と定めている。

　プログラムの構成はさまざまである。規模の大きいものであれば必修科

目、選択科目をそれぞれ含む科目群を置いているものがある。ただし一般的には６つから７つ程度にプログラムの全体を分け、参加者全員がそれを順に学んでいく構成をとっている。また、中には学習者の専門性に対応できるような構成をとっているものもある。例えば科目群の１つについて希望するコースのものを学習するもの、全員共通の基本コースを修了した後に希望する専門のコースを応用編としてさらに学習するものである。

　プログラムの学習時間としては、おおむね60時間以上が設定されている。これは履修証明制度の定める基準を満たすためと考えられる。多いものでは90時間を設定しているプログラムもある。

　ほぼすべてのプログラムにおいて、学習はオンデマンド教材と対面研修の組み合わせで進められている。社会人を対象にしているプログラムであることから、時間の融通がきかせられるのは重要である。また、講師が国内各地の大学に所属していることもあるため、動画をはじめとしたオンデマンド教材の活用は運用面にも資するだろう。一方、必ずしも多くはないが、ウェブ会議システムを利用した同期型の遠隔授業を取り入れているものもある。対面による学習は、個人学習の成果物への参加者同士の相互フィードバック、ディスカッション、発表、模擬授業などの機会とされている。

　学習者には指定された文献の講読などの個人学習による課題の実施も求められる。作成する課題としては、シラバス、１回分の授業計画書、論文計画、発表や模擬授業の振り返りレポートなどがある。課題の量と種類は多く、全体としてある程度自律した学習が要求されている。ただ、プログラムによっては個人学習を支援するために、講師への質問セッションやほかの参加者との交流の機会を設定している。

　プログラムの修了の条件については、まずは所定の時間数の学習の修了がある。eラーニングの課題が提供されている場合はその課題の完了も要件とされる。また、複数の科目として分けられている場合は、それぞれの科目について小テストやレポートが課され、その修了によって学習時間を算出している。テーマごとに必須課題の提出を定めているプログラムがある。さらに模擬授業や成果発表を修了認定の課題としている場合もある。それまでの学習を統合する課題を定め、その評価によって修了の認定を行っている。

3.2　教育実践

　実務家教員の育成において、授業の実践に関わる学習が中心的な内容となる。多くの能力開発のプログラムでは、授業の設計、実施、評価の3つに分けて学習を進めている。設計においては、シラバス作成を通じたコース設計と1回分の授業計画書の作成によるクラス設計の双方を取り入れるプログラムが多い。実践については総じて、講義法、アクティブラーニングの基本的な考え方や方法を扱っている。評価においては、評価の持つ教育上の意義を理解し、到達目標に応じた評価方法の選択と実践をねらいとした内容が多い。具体的に試験やルーブリックの作成方法まで扱う場合もある。さらに、eラーニングについて学習者が自ら設計し実施することを目指すプログラムもある。また、授業実践の前提となる知識としてインストラクショナルデザイン、動機づけ、成人学習といった教育や学習の原理を学ぶ機会が置かれている場合もある。

　方法に着目すると、いわゆる座学だけでなく何らかの方法で実践を取り入れたものが見られる。学生に実際に指導を行う実習を取り入れたものがあるほか、20分程度の模擬授業を課すことで、授業実践の機会を持つ工夫も見られる。さらに実際の授業にTA（ティーチング・アシスタント）として入ることで授業実践のみならず、学生について理解を深めることをねらった取り組みも見られる。

　一方で、個別指導に関する学習もいくつか確認される。大学教員の教育の場は授業だけではなく、研究指導をはじめとした個別指導の機会もある。研究室やゼミで学生を個別に指導する場面が想定される。また、近年ではすべての学生に対して定期的な個人面談を行い、今後の学習の方針を立てるなどの支援を行う大学も多くなっている。こうしたプログラムからは、学生の個別指導に関わる能力開発に取り組む重要性が認識されていることがうかがえる。ただし、現状提供されている能力開発プログラムの中で、個別指導や学生理解に関する科目は授業実践に関わる学習に対してかなり少ないのが現状である。確認できた若干の事例では、研究指導のためのコーチングの技術を学ぶものや入試の多様化による多様な学生への対応について扱っている。

3.3　学習者の専門分野とキャリア

　自身の専門性に関わる能力開発も複数のプログラムで提供されている。専門性に関わる能力開発には大きく２つの方向性がある。１つは自身の専門性を明確にする方向性、もう１つは専門性を深化、拡張させていく方向性である。

　まず１つ目の自身の専門性を明確にする方向性とは、これまでの実務経験を何らかの学問分野や研究テーマに位置づけようとするものである。実務家として自身が持っている経験やそこから得られた知見はどの学問分野に深く関わるのかを明らかにする機会を、多くの能力開発プログラムは置いている。

　もう１つの専門性を深化、拡張させていく方向性は文字通り、自身の専門分野について新たな知見を得ること、隣接する分野についても学習を進めていくことである。実務経験が豊富であっても、時間が経っていく中で経験から得られた知見が陳腐化することは避けられない。そこで意識的に専門に関わる学習を行っていく必要がある。また、特定分野の実務家教員の育成を行うプログラムであれば、一般的な教育能力に加えて関連する専門分野の知識を学習できる構成をとっている場合もある。

　いずれの方向性であっても、専門性に関する能力開発は研究能力の能力開発と密接に結びついている。単に教育を行うだけでなく、研究者として専門分野の知の生成に携わることも大学教員の役割であることから、専門性について深める学習の機会は重要性を持つ。

　専門性に加えて、キャリア形成について扱う機会も複数のプログラムで共通して見られる。自分がこれまでどのようなキャリアを形成してきたか、今後どのようなキャリアを形成していきたいかを言語化したり、他者に発表したりして明らかにしていく活動である。多くのプログラムにおいて、キャリア開発に関わる能力開発は公募書類の作成と併せて行われることも多い。

3.4　高等教育の動向

　ほぼすべてのプログラムにおいて共通して見られるのが、高等教育の動向について扱うものである。具体的には高等教育政策やその背景、質保証制度をはじめとした大学教育をめぐる制度に関する内容が扱われている。

　高等教育の全体像を学ぶことは、現在に至る大学教育のさまざまな変化を

理解し、実務家教員として自身が行うべき教育がどのようなものかを考える契機となる。自身が学生だった頃の大学教育のイメージをもち続けている実務家教員にとっては、そのイメージを改めることも期待される。また、実務家教員をめぐるさまざまな議論を理解することで、自らどのような形で大学教育に携わるのかを明確にする機会ともなる。さらに採用面接や公募書類の作成などにおいても高等教育の全体像を踏まえることで、社会的な文脈に位置づけながら自身の強みを提示することも期待される。

　組織的な教育の推進に関わる内容を扱う能力開発プログラムも存在している。大学や学部等の所属となった場合には、自身の個々の授業だけでなく、カリキュラムをはじめとした教育全体について組織的な視点から議論をしなければならない場面もある。その時に、例えば3つのポリシーやIR（インスティテューショナル・リサーチ）といった用語や概念の理解なしに議論を行うことは難しいであろう。分野によっては、実務家教員の視点からカリキュラム全体の改善案が求められるような場面もあることから、これらの学習の機会は重要である。

4　今後のプログラム開発のための示唆

4.1　実務家教員育成の先例

　本稿ではここまで大学教員の能力開発を理解するための基本的な枠組みを整理し、現状で行われている実務家教員育成プログラムについて概観を示した。ここまで見てきた枠組みや関連するほかの能力開発などを参照しながら、今後の能力開発プログラムのための視点をいくつか提示したい。

　実務家教員育成を考える上で参照できる事例として2つを挙げたい。まず挙げられるのは、伝統的に実務家を教員としてきたいくつかの専門分野の事例である。代表的なのは医学、看護などの医療系の専門分野である。最近ではこれらの分野における大学教員を育成するための教育プログラムを有する大学も見られる（石原 2021）。確立した分野であるだけに、体系的なプログラムを開発する際の有効なモデルとなり得る。

　もう1つは研究大学を中心に展開されている大学院生向けのプレFDの取り組みである。大学院設置基準の努力義務化もされたことで、プレFDを実

施する大学は増えてきている。プレFDは入職前型のFDとして実務家教員育成プログラムとの共通点を持つ。また、授業の方法だけでなく、高等教育の動向を学んだり、キャリア開発について考えたりする内容を取り入れたプログラムも見られる。

4.2　授業実践の機会

　授業に関わる能力開発に実践を行う機会を充実させることが望ましい。教室の中での模擬授業も実践の機会としてはとても貴重ではあるが、実際の学生を相手に行う授業とは大きく異なることが多い。そこで実際の学生を前に授業を行う機会が重要となる。実際さまざまな工夫で実践の機会を取り入れているプログラムもあるが、よりその機会を充実させることは目指されるべきであろう。

　もちろん、経験のない者がすぐに学生を目の前にした授業実践を行うのは難しいことから、いくつかの段階を設けることが望ましい。いきなり授業1回分のすべてを行わせずに数十分だけ担当させる、事前の授業設計について丁寧に指導する、可能であれば授業の様子を録画して授業の振り返りに活用する、など教育的意図を持って授業実践に導くのが望ましい。これらが難しい場合でも、例えば授業見学の機会などを取り入れるだけでも、現在の学生の様子について具体的なイメージを持つことが可能になるはずだ。

　また、どのような実践であっても十分な振り返りは欠かせない。参加者が自らの授業を習慣的に振り返ることのできるように、振り返りの練習という観点も持つようにしたい。

　プレFDでは、プレFDのプログラムを修了した大学院生をTF（ティーチング・フェロー）などとして授業の一部を担当させたり、評価を行わせたりする取り組みが展開されている（栗田 2020）。一般的なTAよりも教員に近い立場で授業に関与できる仕組みは受講生の実践を経験することにつながる。正規の授業科目が難しい場合は、図書館でのセミナーなども選択肢になる（吉田ほか 2017）。

4.3　さまざまな教育能力の開発

　授業における教授法以外にも大学教員が身につけておくべき知識や技術が

あるため、さまざまな能力を高める機会も望まれる。ほとんどのプログラムが授業の実践に関する学習の比重が大きく、それ以外の内容が扱われることが少ない。プログラムにおける科目のラインナップはそれ自体、大学教員になる上で知っておくべき内容を明示するものであるが、現行の授業実践中心のラインナップは、参加者にそれ以外の教育活動を見えなくする可能性がある。大学における多様な教育や業務への対応には不十分だという授業実践中心のプレ FD への批判は実務家教員育成においても当てはまるであろう（近田ほか 2023）。

　具体的には、学習支援、学生支援、研究室などでの個別指導の方法や留意点がまず挙げられる。さらに学生の指導にあたる前提として学生についての理解を深めておく必要もある。現代の大学には背景、関心、能力などさまざまな点で多様な学生が存在している。学生を指導する際にはこうした多様な学生に配慮する必要がある。一部の実務家教員育成プログラムで扱われている合理的配慮の考え方や実施の方法は、個別指導のみならず授業を実施する教員であれば理解しておくべきものであろう。

4.4　教育改善の高度化

　能力開発プログラムにおいて、継続して教育改善を図るための方法も学べるようにすべきであろう。基本的な知識や技術を身につけることだけでなく、中長期的にその知識や技術をどのように高めていくかについて示すことで、参加者の教育改善の意欲を高めることにもつながる。

　教育改善の高度化の方法として教育実践を研究することがまず挙げられる。授業をはじめとした教育活動を研究することで、客観的なデータに基づいて自身の教育を評価することができる。また、発表や論文で公表することでさまざまなフィードバックを得られ、教育改善の材料を広く集めることができる。さらに教育に関する実績とすることも可能である。そこで教育改善を研究する方法を伝えるのは有効であろう。「教員による授業実践に関する学術的探究を通して教授・学習過程を改善する試み」として授業改善の研究を SoTL（Scholarship of Teaching and Learning）と称することもある（吉良 2010）。

　教育改善の高度化に当たって、カリキュラムに焦点を当てることもでき

る。学部等に所属した際に自身の関与するカリキュラムの課題を発見し、改善するための前提となる知識を持っておくことは有益だろう。例えば看護教員育成の一環として、看護教育学などの科目においてカリキュラム編成やカリキュラム評価について学習する機会が設けられている。

4.5　実務経験の振り返り

　実務経験を教育に活かす上で、これまでの経験を振り返る省察は重要である。実務経験を抽象化・一般化して学生に伝える上ではもちろん、実務の場における指導と大学における教育の違いを意識化したり、自分の教員としてのあり方を考えたりする上でも省察は不可欠である。

　一方で省察には適切な支援や指導が求められる。省察そのものができない、できていてもそこから持論や教訓を導けないという人は少なくない。とりわけ実務経験が長ければ長いほど、自身の信念が凝り固まってしまい、自分の方法が正しいと思い込んでしまう可能性もある。その結果として、実務に携わっていた頃のような指導を大学でそのまま行ってしまうという事例も聞かれる（リベルタス・コンサルティング 2023）。実務から大学教育に入っていく教員はアンラーンを行い、自身の考え方を相対化し、ほかの考え方もとれるようになることが重要である（松尾 2021）。

　そのために、深い振り返りを促すような機会を充実させていくことが必要となる。自身のキャリアのあり方について折に触れて振り返るための仕組みを取り入れているプログラムがあるが、これは深い省察を促す有効な方法の1つである。プレ FD の中では、大学院生にこれまでの自分の研究活動と教育、社会活動の統合を図る機会を持っているものもある（大山ほか 2022）。こうした機会は豊富な社会経験を持つ実務家教員にこそ重要である。また、近年多くの大学に導入されているティーチング・ポートフォリオの作成から学ぶことも多いだろう。自身の経験から教育の信念、方法を言語化することで、深い省察が促されることが期待される。

4.6　所属組織を越えたつながり

　実務家教員の育成のために提供されている能力開発プログラムへの参加者や修了者が継続的に交流できる環境づくりも重要となる。非常勤、常勤を問

わず実務家教員としてのキャリアを始めた参加者、これから始めたいと考える参加者が自由に関わり合う場があるとよいだろう。

　これから実務家教員になろうとしている人にとっては、既に教員としてキャリアを始めた先輩の経験は有益な教材となる。公募のための書類作成や面接、模擬授業の準備などで支援を受けることも期待できる。

　さらに、教員としてのキャリアを始めた人にとっては、自身の悩みや困りごとを相談できる場となる。大学教員は所属する組織で相談相手が見つからないことがしばしばある。また、同じ所属組織だとかえって相談しにくいこともある。そのような中で、所属組織の外で教育について相談できる相手は貴重な存在となる。教育能力の継続的な開発にとっても、所属組織を越えたつながりは有益なものとなろう（井上ほか 2021）。

4.7　キャリア形成支援

　実務家教員育成プログラムの多くは入職前型であることから、修了後のキャリア形成を念頭においた設計も求められる。参加者が大学教員としてのキャリアを形成するためには、教員人事への応募の際の支援が望まれる。実際に一部のプログラムには、教員個人調書などの書類の作成が取り入れられている。

　場合によっては、大学教員以外のキャリアにおける活用も視野に入れるべきであろう。専門的な知識や技術について行われる教育の場は大学に限られない。今後企業などでも、適切に専門分野について教授できる人材のニーズは高まっていくだろう。大学以外における通用性を高めていくことも重要である。

参考文献

Birnbaum, Robert. (1988) *How Colleges Work: The Cybernetics of Academic Organization and Leadership* Jossey-Bass（＝高橋靖直訳（1992）『大学経営とリーダーシップ』玉川大学出版部）

近田政博・葛城浩一・鶴田祥子・倉澤悠維（2023）「『大学教員インターンシップ』の試行と課題 —— 湊川短期大学での実践を中心に」『大學教育研究』31: 115-129

Gouldner, Alvin. (1957) Cosmopolitan-Locals: A factor analysis of the construct, *Administration Science Quarterly*, 2: 223-235

井上史子・安岡高志・小笠原正明・三尾忠男・大串晃弘（2021）「SoTLにおける『実践コミュニティ』の意義と役割を考える」『大学教育学会誌』43 (2)：104-108

石原美和（2021）「実践教育センターの現状と課題そして将来展望」『神奈川県立保健福祉大学誌』18 (1)：3-8

石井美和（2010）「大学教員のキャリア・ステージと能力開発の課題 ── 広島大学教員調査と東北大学教員調査から」『東北大学高等教育開発推進センター紀要』5: 29-42

実務家教員COEプロジェクト編（2021）『実務家教員の理論と実践 ── 人生100年時代の新しい「知」の教育』社会情報大学院大学出版部

吉良直（2010）「米国大学のCASTLプログラムに関する研究 ── ３教授の実践の比較考察からの示唆」『名古屋高等教育研究』10: 97-116

栗田佳代子（2020）「大学院生のための教育研修の現状と課題」『教育心理学年報』59: 191-208

リベルタス・コンサルティング（2023）『大学等における実務家教員の採用に関する調査 調査報告書』

松尾睦（2021）『仕事のアンラーニング ── 働き方を学びほぐす』同文舘出版

中井俊樹編（2019）『大学SD講座1 大学の組織と運営』玉川大学出版部

中井俊樹（2018）「初期キャリア教員の教育支援」『IDE 現代の高等教育』603: 39-43

日本教育経営学会編（2000）『シリーズ教育の経営5 教育経営研究の理論と軌跡』玉川大学出版部

二宮祐・小山治・児島功和（2021）「「実務家教員」の系譜 ── 政策と慣行」『関西大学高等教育研究』12: 123-132

大山牧子・根岸千悠・浦田悠・佐藤浩章（2022）「大学教員の学識を学ぶプレFDプログラムの評価 ── 大阪大学未来の大学教員養成プログラム「大学授業開発論Ⅲ」を事例に」『大阪大学高等教育研究』10: 21-31

佐藤浩章（2012）「日本のFDに関する３つの提言 ── 愛媛大学と四国地区大学教職員能力開発ネットワークを事例に」中央教育審議会大学分科会大学教育部会2012年5月21日資料

佐藤浩章・中井俊樹・小島佐恵子・城間祥子・杉谷祐美子編（2016）『大学のFD Q&A』玉川大学出版部

Schön, Donald A. (1984) *The Reflective Practitioner: How Professionals Think in Action*, Basic Books (＝柳沢昌一・三輪建二監訳（2007）『省察的実践とは何か ── プロフェッショナルの行為と思考』鳳書房）

Seldin, Peter. (2004) *The Teaching Portfolio: A Practical Guide to Improved Performance and Promotion/Tenure Decisions*, 3rd ed., Anker Publishing Company（＝大学評価・学位授与機構監訳（2007）『大学教育を変える教育業績記録 ── ティーチング・ポートフォリオ作成の手引』玉川大学出版部）

妹尾堅一郎（2008）「実務家教員の必要性とその育成について ── 「実務知基盤型教員」を活用する大学教育へ」『広島大学高等教育研究開発センター大学論集』39: 109-128

Shulman, Lee. (1987) Knowledge and Teaching: Foundations of the New Reform, *Harvard Educational Review* 57 (1)：1-22

諏訪康雄（2017）『雇用政策とキャリア権 ── キャリア法学への模索』弘文堂

竹中喜一・中井俊樹（2021）『大学SD講座4 大学職員の能力開発』玉川大学出版部

吉田塁・栗田佳代子・阿部卓也・鈴木祐介・松本侑子（2017）「図書館におけるミニレクチャプログラムの開発と評価」『大学図書館研究』107: 1-11

第6章

実務家教員の業績評価

1. はじめに

1.1 背景と目的

　実務家教員が日本で注目を集めるようになったのは、2002年の専門職大学院、2019年の専門職大学の制度化前後である。しかし、実務家教員にどのような能力が求められているのかについて、関係者間で合意が成立しているわけではない。また、実務家教員を抱える多くの大学が採用・昇進規程を策定中である。このような状況で、実務家教員の業績評価を論じることには限界がある。

　しかし、大学の現場では、採用・昇進・雇用継続の際には、実務家教員としての業績評価を行うことが避けられないという実情がある。実務経験にはどのような経験が該当するのか、法令上定められている「おおむね5年以上」とはどの程度の期間を指すのか、たとえ5年以上の実務経験があったとしても、実務から離れた教員を実務家教員として見なしてよいのか、といった課題が生じている。

　そこで本稿では、実務家教員の業績評価のよりよいあり方を検討するために、現状と今後の課題を整理することを目的とする。具体的には、第2節では、前提となる知識を得るために、大学教員の業績評価の進め方のモデルを紹介する。第3節では、実務家教員の業績評価の特徴と評価項目区分を整理した後、項目ごとにどのような能力をどのような方法で評価すべきかを提起する。第4節では、今後の課題を整理する。

　なお、厳密には、業績評価と能力評価は区分されるべきものである（山本2020: 111）。前者は業績が目標に比してどのように達成されたかを評価するものであり、後者は職務に必要な能力を満たしているかどうかを評価するものだからである。しかし、本稿では初期段階の現状と課題の整理を目的としているため、両者を区別せずに業績評価として扱う。

1.2　先行研究の整理と研究方法

　日本における大学教員の業績評価は、2004年の国立大学法人化以降に広く普及し始めた（岸 2018）。大学では長らく人事考課・勤務評価は行われてきたが、法人化調査検討会議（2002）によって個人の成果・業績を評価するための制度の設置が検討され、国立大学法人評価を通じて人事評価制度の導入や処遇への活用が促進され、明確な成果基準が必要となった。このような状況から、先行研究としては、国立大学法人化当時の導入事例や課題を提起するものが見られる（佐々木 2006、幡野 2009）。また、米国大学の教員業績評価事例を分析したものもある（田中 2017）。しかし、国内における実務家教員の業績評価についての先行研究は見当たらない。そのため、主にアメリカの大学における実務家教員（professor of practice）の業績評価の事例収集を行うと同時に、国内で実務家教員の業績評価に取り組んでいる2大学（A大学：2023年4月17日、B専門職大学：2023年4月24日）の人事担当者に面接調査を行った。A大学C学部は経営系の学部であり、すべての教員が実務家教員である。B専門職大学では、教員の5割程度が実務家教員である。

2.　大学教員の業績評価の進め方

2.1　総合的な大学教員評価制度

　大学教員の業績評価は、正しい評価方法を使用するという技術的課題と大学教員から信頼を得るという政治的な課題の両方を克服する必要がある。Arreola（2007）は、これらの課題を踏まえた「総合的な大学教員評価制度（A Comprehensive Faculty Evaluation System）」を提唱している。この制度は、「関連する教員の業績を体系的に評価し、その業績が当該大学の価値観とどの程度一致しているかを診断するもの」と定義されている（Arreola 2007: xix）。そして、この制度を構築するためには、8つの段階に沿って進めていくべきとされている。以下では、大学教員の業績評価制度モデルの1つとして本制度を紹介し、実務家教員の業績評価を論じる前提知識としたい。

2.2　大学教員のロールモデルの決定

　第1段階では、大学教員のロールモデルを決定する。これは、教員が組織

内で果たすべき役割を定めることであり、職務、責任、活動などが含まれる。一般的に、大学教員の役割は、教育、研究、社会活動、管理運営の4つに分類される。役割の特定に当たっては、各大学において教員が日々どのような業務を行っているのかを把握するアンケート調査を行うことが望ましい。その結果を集約することで、ロールモデルを作成することができる。ロールモデルは、大学教員の行動指針となり、大学の価値向上に貢献するものである。

2.3　大学教員のロールモデルの指標設定

　第2段階では、大学教員が果たすべき役割について、組織や教員が優先順位をつけ、重みづけを行う。重みづけの方法には、静的なものと動的なものの2種類がある。静的な重みづけとは、教育40%、研究40%、社会活動10%、管理運営10%のように、各役割に特定の割合を割り当てる方法である。動的な重みづけとは、教育50〜80%、研究0〜35%、社会活動10〜25%、管理運営5〜10%のように、各役割に幅を持たせた割合を設定し、合計が100%になるように指標を設定する方法である。組織の特徴に応じて、いずれかの方法で指標を設定する。

2.4　大学教員のロールモデルの具体化

　第3段階では、各役割の業績を評価するために、具体的なスキルを明確に定義する。図表6−1は、教育、研究、社会活動、管理運営の各役割を遂行するために必要なスキル群を示したものである。「●」の数は、求められる頻度を示している。

　このスキル群は、専門家としての基本スキル群とメタ専門家としての応用スキル群に分類されている。前者は特定分野の専門家に求められるスキル群であり、3つのスキル群がある。「分野の専門性」とは、高度なトレーニング、教育、経験によって、教員が選択した分野で正式に認められた知識、スキル、能力のことである。「実践・臨床スキル」とは、分野の専門性を、作業の実行、製品の生産、サービスの提供などに結びつけるスキルである。「研究スキル」とは、専門分野で既存の知識を習得したり、新しい知識を創造したりするスキルである。

スキル群		大学教員の役割			
		教育	研究	社会活動	管理運営
専門家としての基本スキル群	分野の専門性	●●●●	●●●●	●●	●
	実践・臨床スキル	●●●	●●●	●●	●
	研究スキル	●●	●●●	●	●
メタ専門家としての応用スキル群（役割によって求められるものが異なる）	教育設計	●●●●	●●	●●	●
	教育指導	●●●●	●●	●●	●
	教育評価	●●●●	●●	●●	●
	教育実践研究	●	●●●	●●	●
	心理測定・統計	●●	●●●	●	●
	科学認識論	●●	●●●	●●	●
	学習理論	●●●	●●●	●●	●
	人材育成	●●	●●●	●●	●
	情報技術	●●●	●●●	●●	●●
	科学・技術ライティング	●●	●●●	●●	●
	グラフィックデザイン	●●	●●	●●	●
	パブリックスピーキング	●●●	●●●	●●●	●●●
凡例 ●●●● 常時求められる ●●● かなり求められる ●● 時々求められる ● ほぼ求められない	コミュニケーション	●●●	●●●	●●●	●●●
	コンフリクトマネジメント	●●	●	●●	●●
	グループプロセス／チームビルディング	●●	●	●●	●●●●
	リソース管理	●●	●	●●	●●●●
	人事管理	●	●	●	●●●●
	予算編成・管理	●	●	●	●●●●
	政策分析・政策立案	●	●	●●	●●●

図表6-1　教育、研究、社会活動、管理運営の各役割を遂行する上で求められるスキル群
　　　　　［出典：Arreola（2007）xxiii, Table A］

　一方、大学教員は特定分野の専門家であるだけではなく、専門分野以外の分野でも専門的な活動が期待されている。そこで、後者は、役割によって求められるものが異なる、メタ専門家としての応用スキル群を示している。

　例えば、教育の役割については、教育設計、教育指導、教育評価、授業運営の4つのスキルで構成される（Arreola 2007: 20-24）。

- ・教育設計：経験をデザインし、順序づける技術的なスキル。資格のある教員が教育設計を行うと、学生は高い確率で特定の学習成果を達成できる。
- ・教育指導：学習を促進する対話スキル及び特性。さまざまな形式の情報伝達技術を使用して、学生をやる気にさせ、動機づけを行い、効果的にコミュニケーションする能力が含まれる。
- ・教育評価：学生の学習を評価し、学生に有意義なフィードバックを提供するためのツール、手順、戦略を開発するスキル。
- ・授業運営：適切な教育・学習環境を提供するために必要なリソースと施設を配置、維持、管理するスキル。

2.5　役割の構成要素の重みづけ

　第4段階では、各役割を構成する具体的なスキルについて、組織や教員が重みづけを行う。例えば、教育については、教育設計40%、教育指導30%、教育評価25%、授業運営5%、合計は100%とする。

2.6　適切な情報提供者の決定

　第5段階では、教員の業績に関する情報を提供する人を決定する。例えば、教育については、学生、同僚、所属長が想定される。それぞれの情報提供者が、求められる具体的なスキルについて情報を提供できるかどうかを判断する。

2.7　情報提供者の重みづけ

　第6段階では、情報提供者から得られた特定の情報について、組織や教員が重みづけを行う。例えば、教育については、以下のように整理する。

役割構成スキル	情報提供者			
	学生	同僚	所属長	役割構成スキル割合
教育設計	10％	30％	0 ％	40％
教育指導	30％	0 ％	0 ％	30％
教育評価	5 ％	15％	5 ％	25％
授業運営	0 ％	0 ％	5 ％	5 ％
合計	45％	45％	10％	100％

図表 6-2　教育の役割に関する情報提供者別重みづけ［出典：Arreola 2007: 56, Figure 6.5 を一部修正］

2.8　情報収集法の決定

　第 7 段階では、情報ごとに最も適切な情報収集法を決定する。例えば、教育については、以下のように整理する。

役割構成スキル	情報提供者		
	学生	同僚	所属長
教育設計	授業評価アンケート	同僚によるシラバス・教材分析	なし
教育指導	授業評価アンケート	なし	なし
教育評価	授業評価アンケート	同僚によるテスト分析	成績評価についてのレビュー
授業運営	なし	なし	チェックリストを使った観察

図表 6-3　教育の役割に関する情報収集法［出典：Arreola 2007: 59, Figure 7.1 を一部修正］

2.9　評価制度の完成

　第 8 段階では、実際に評価を行うために必要な情報を収集するためのフォーマット、チェックリストなどのツールを選択したり、設計したり、作成したりして、評価制度を完成させる。

　評価尺度については、4段階もしくは5段階で作成されることが一般的である。4段階の場合、以下が例となる。

同意不同意尺度	良し悪し尺度	満足度尺度
強く同意する　4	非常によい　4	非常に満足　4
同意する　3	よい　3	満足　3
同意しない　2	よくない　2	不満　2
強く同意しない　1	非常によくない　1	非常に不満　1

図表6-4　4段階評価の尺度例［出典：Arreola 2007: 65, Figure 8.1 を一部修正］

　その他、各情報収集法の詳しい説明資料や業績評価のスケジュールを策定する。

3.　実務家教員の業績評価の実際

3.1　実務家教員の業績評価の特徴

　大学教員の業績評価を導入する経緯は大学によって異なる。特別昇給対象者を選定するため、個人研究費配分の根拠資料にするため、国立大学法人化に伴い自己点検評価制度の一環として導入するためなどである（佐々木・斎藤・渡辺 2006、幡野 2009）。

　実務家教員という制度については、2017年から2018年にかけて中央教育審議会大学分科会に置かれた制度・教育改革ワーキンググループにおいて議論されたが、最後まで話題になっていたのは、実務家教員による教育研究活動の質の担保であった（濱名 2021）。業績評価はまさにこの質の担保に関わる仕組みである。

　また、専門職大学院設置基準においては、実務の経験や能力を活かして専門職教育を行うのが実務家教員であると定められている。そこには、実務教員はおおむね5年以上の「専攻分野における実務の経験を有し、かつ、高度の実務能力を有する者」（専門職大学院設置基準第5条第4項）と定められている。このため、まずは採用段階で、実務経験を有していること、かつ、それが高度の実務能力であることを評価する必要がある。さらに、採用後の

段階では、実務から離れてしまった場合、実務経験を過去に有していたことを根拠に実務家教員として雇用を継続してよいのかを議論する必要がある。昇進段階では、職位ごとに求められる実務能力の評価をする必要がある。

　さらに、専門職大学設置基準においては、教授の資格の1つとして「博士の学位（外国において授与されたこれに相当する学位を含む。）を有し、研究上の業績を有する者」（専門職大学設置基準第38条第1項）、准教授の資格の1つとして「研究所、試験所、調査所等に在職し、研究上の業績を有する者」（同基準第39条第4項）と規定されている。採用後、研究業績を上げられなかった実務家教員を昇進させることはできるのか、といった点についても各機関で判断をする必要がある。

3.2　実務家教員の業績評価における評価項目区分

　既に見たように、一般的な大学教員の業績評価の評価項目区分は、①教育、②研究、③社会活動、④管理運営である。一方、川山（2020: 34）は、実務家教員に求められる資質能力として、①教育指導能力、②実務経験・実務能力、③研究能力を挙げている。実務家教員を雇用している大学では、どのような評価項目区分としているのだろうか。

　A大学C学部は、①教育、②研究、③実務という3つの評価項目区分で業績評価を行っている。③実務については、学内でもC学部のみ独自に定められたものである。B専門職大学は、①教育、②研究、③社会実践、④管理運営、⑤社会貢献の5つの評価項目区分を設けている。このうち③の社会実践は、系列内の他の大学にはない独自の評価項目区分である。

　カリフォルニア大学サンタバーバラ校の教員人事関連文書には、実務家教員（Professor of Practice）についての記載がある（Academic Personnel, University of California, Santa Barbara, Red Binder, SECTION V: OTHER ACADEMIC TITLES, V - 20 Professor of Practice）。ここでは、実務家教員は「現役または退職した著名な専門家である」と定義され、「伝統的な学術経歴を持っている少数の人たちはいるかもしれないが、多くはそうではない。実務家教員という呼び方は、学術的な学識と実務経験を統合するのに役立つ。教員、学部生、大学院生に対して、特定の研究分野がどのように実践に応用されるのかを理解してもらうために雇用される。実務家教員は、授業

を教え、学生にアドバイスを行い、専門知識や経験に直接関連する分野で協働する」と説明されている。この定義に対応して、任命及び昇進基準は以下の 4 つの区分で定められている。

（1）専門的な能力と活動実績

実務家教員を採用する場合、各部局は、候補者のリーダーシップと該当分野への主要な貢献を特定し、また、実践から得られた資格が、教育、研究、及びサービスにどのように役立つかを文書化する必要がある。採用に関する評価を行う際、各部局は、採用者の模範的な専門的実践と分野におけるリーダーシップ発揮が継続的に行われていることを記録によって証明する必要がある。

（2）教育への貢献

実務家教員は、専門知識に基づいて学部及び修士課程の授業を設計及び実施する。採用者は、主に修士課程の専門プログラムで教える。その専門知識が妥当な場合には、学部レベルでの指導も許可されるが、義務づけられておらず、通常は期待されていない。

（3）研究への貢献

実務家教員の候補者は、大学の研究及び教育使命に貢献する豊富な実務経験を有する必要がある。採用者は、分野における優れた業績を裏づける確立された根拠に基づく評判を有する必要がある。これは、伝統的な学術雑誌や学会以外で配布された出版物や発表によって証明される場合もあるが、それ以外は、大学内の研究業績と同じ質とインパクトの基準に従うものとする。

（4）サービスへの貢献

採用者は、可能な限り、キャリア経験を活かして大学のサービス活動に貢献する必要がある。このようなサービス活動は、候補者の専門知識と業績に関連している必要がある。

3.3　教育能力の評価

　以下では、実務家教員に求められる能力を、①教育、②研究、③社会活動、④管理運営、⑤実務経験・実務の 5 つの能力に区分し、それぞれの区分においてどのような能力が求められるのかを整理する。

　大学教員に求められる教育能力としては、以下のようなものがある（Arreola 2007: 19）。

　　　・分野の専門性
　　　・教育設計スキル
　　　・情報伝達スキル
　　　・教育評価スキル
　　　・授業マネジメントスキル

　これらは実務家教員においても同様に重要なスキルである。一方、乾（2021: 62-63）は、実務家教員が求められる場面は、専門職教育、キャリア教育、リカレント教育、プロジェクト・ベースド・ラーニング（PBL：課題解決型学習）だと述べている。だとすれば、上記に加えて、とりわけこうした教育の場面で、実務に関連した教育を行う能力が求められるであろう。

　情報収集法には、学生による授業アンケート、授業における成績や学習成果、同僚・所属長による授業観察、同僚・所属長によるシラバスや教材などの分析などがある。

　これらに加えて、ティーチング・ポートフォリオも有効である。ティーチング・ポートフォリオは、「教育業績を記録する資料の集合であり、1 人の大学教員の教育活動について最も重要な成果の情報をまとめたもの」（Seldin 2004=2007: 3）、あるいは「自らの教育活動について振り返り、自らの言葉で記し、多様なエビデンスによってこれらの記述を裏づけた教育業績についての厳選された記録」と定義されている（大学評価・学位授与機構 2009: 1）。1980 年代にカナダの大学において用いられ始め、1990 年代以降急速に世界各国に広がり、今や多くの大学において教員の採用時、テニュア取得・昇進時に提出が求められる根拠資料となっている。ここには、責務、理念、方法、成果、目標が含まれており、断片的な情報の集積ではなく、教員

の持つ教育理念に基づいて、情報が体系的に整理されて記述されている。実務家教員の持つ総合的な教育能力を評価するためには有効な方法であろう。

3.4　研究能力の評価

大学教員に求められる研究能力としては、以下のようなものがある（Arreola 2007: 27）。

・論文出版
・研究書、書籍、パンフレットの出版
・学会などでの発表
・基調講演や招待講演
・一般誌への記事投稿
・テレビ、ラジオなどの教育番組の作成
・芸術作品などの展示、パフォーマンス、ディスプレイ
・過去の作品の新たな解釈
・専門的なワークショップやセミナーの実施

　実務家教員制度の導入経緯を踏まえると、実務家教員に研究能力は必要ないという考えもあるかもしれない。しかしながら、以下に示す実務家教員の持つ実践の理論の論理的帰結としても、実務家教員から研究者教育へのキャリアシフトの可能性を高めるためにも、また実務家教員のプレゼンス向上のためにも研究能力は必要であろう（川山 2021: 19）。そのため、研究業績の評価に当たっては、論文、学会発表、書籍といった伝統的な情報収集法は当然適用されるだろう。一方、もっと幅広く研究能力や業績をとらえるべきだという考えもある。

　川山（2021: 223）は、「専門分野上の学術的な知見を、実務でどのように活かすことができるのかという知識は、『知識活用のための知識』の典型の１つ」であり、「それについて論じられるのは、実際に実務の現場があり、経験を有している実務家教員だけだ」と述べる。その上で、「実践の理論」を提唱する。ここで言う、「実践の理論」とは、「実践的知識」と「実践的知識についての知識」で構成される。前者は、「実務の現場で得られた暗黙知

を形式知化したもの」であり、後者は「実践的知識がどのように位置づけられるのかというメタ的知識に相当するもの」である（川山 2021: 226）。

　さらに川山は、「実務家教員の研究能力というのは、実務経験を持論として言語化し、さらに誰もが納得でき実際の現場で活用できるような実践知にする能力」（川山 2021: 223）であると述べている。そして、「そのように捉えれば、研究能力の評価対象には、著書、論文などの学術上の業績のみならず、実務上の実践知識を形式知化、あるいは構造化・理論化し、さまざまな形で発表した業績も含まれることとなる」（同上）と述べる。

　この考えに立てば、一般誌の記事、作品、映像、ワークショップやセミナーといったものも研究能力を裏づけるものとして活用すべきであろう。また、実践の理論の特性上、実務家教員の研究能力は、研究として現れる場合もあれば、実務経験・実務として現れる場合もあるだろう。

3.5　社会活動能力の評価

　大学教員に求められる社会活動能力としては、以下のようなものがある（Arreola 2007: 28）。

- ・学会誌やニュースレターの編集
- ・学会誌、ニュースレター、学会発表のレビュー・査読
- ・学会大会の企画・実行委員業務
- ・学会の管理運営業務（会長、監査など）
- ・行政機関などの委員会活動
- ・行政機関や民間企業へのアドバイス
- ・市民向けの公開講座
- ・メディアへの出演、投稿、取材

　既に見たように、実務家教員の研究能力やその情報収集法を幅広いものとしてとらえた場合、研究能力と社会活動能力の境界は極めて曖昧なものにならざるを得ない。これは、実務と関連する研究のアウトプットの場として、学術組織以外の社会が活用されることが多いからである。さらに言えば、この後に検討する実務経験・実務能力との境界も同様に曖昧である。B専門職

大学では、①教育、②研究、③社会実践、④管理運営、⑤社会貢献の５つの区分で評価を行っているが、多岐に渡る業績をどこに分類するかについて、全学的に画一的なルールをつくることは難しいという。このため情報収集法も多様なものとなろう。

　なお、伝統的に使用されてきた「社会貢献（service）」という用語は、知を保持しているのは大学であり、サービスとして提供された知を享受するのが社会であるというイメージを想起させるため、「社会への関与・社会活動（engagement）」という言葉を使用する動きがある（Debowski 2012: 153）。この背景には時代や社会の変化に伴って、大学教員が学問や大学と社会の垣根を越えることは、サービスではなく、自らの研究や教育にとってもメリットがあることだと考えられるようになったことがある。つまり大学と社会の知の交流により、双方がメリットを享受できるのである。とりわけ実務家教員の役割を考えると、社会貢献よりも社会への関与や社会活動という呼称が適切であると言えよう。

3.6　管理運営能力の評価

　大学教員に求められる管理運営能力としては、以下のようなものがある（Arreola 2007: 28）。

　　　・委員会での活動
　　　・学生クラブや団体の指導
　　　・プロジェクトのマネジメント
　　　・アドバイジングやメンタリング
　　　・学生のリクルーティングや資金獲得

　大学という組織に勤務する以上、実務家教員についてもこれらの能力は同様に求められる。A大学の人事担当者によると、総じて実務家教員の管理運営能力は高いという。だとすれば、これらの能力を評価対象にすることは理にかなっている。情報収集法としては、委員会などの活動履歴、プロジェクトやアドバイジングの件数、同僚教職員からの評価などが挙げられる。

3.7　実務経験・実務能力の評価

　一般の大学教員にはなかった実務家教員独自の役割が実務経験・実務能力である。これについては、これまで、教育、研究、社会活動の役割に含まれていたものもあるだろう。また、新たな能力として明示すべきものもあるだろう。

　A大学C学部では、実務という役割において、法人立ち上げ経験、役員・管理職経験、企業合併をした経験、自治体長経験、企業内受賞などを業績として扱っている。学部設置準備委員会が、雇用したい教員に期待される能力とは何かを議論して、こうした業績をリスト化していったという。

　B専門職大学では、社会実践という役割において、企業経営など、産官学連携、地域連携活動、講演・報告・作品発表などを業績として扱っている。この業績評価制度は、2022年度から導入されたが、当初は社会実践業績をどのように記入してよいか戸惑う教員もいたという。初年度の施行では、勤務経験、コンサル経験、講演会、出前講座、メディア掲載（地方紙、ラジオなど）、コメント、行政広報誌、クリエイターとしての作品発表などが挙げられた。今後は、これらを例示して入力を促していくとのことである。

　一方で、実務から離れた教員の実務能力の評価が課題となっている。実務家教員の定義には、おおむね5年以上の実務経験が必要とされており、専門職大学では4割以上を実務家教員とする必要がある。そのため、B専門職大学では、実務家教員としての実務歴を担保するためには、年度ごとに実務経験の継続状況を確認している。

4.　まとめと課題

4.1　現状と課題

　第2節で紹介した、総合的な大学教員評価制度と現状を照らし合わせて考えると、実務家教員の業績評価に関して課題のある機関は多いだろう。以下では、4点に課題を整理する。

4.1.1　役割の分類と統合

　まず課題になるのは、実務家教員に求められる役割をどのように分類し、

定義づけるかである。伝統的な教育、研究、社会活動、管理運営に加えて、実務を追加する場合、各種実績をどのように分類するのかについて検討する必要がある。最終的には、何を研究と考えるのか、何を実務と考えるのかという個人の信念によってその判断は変わるとしても、各機関において指針となる例示は必要だろう。

　その上で各役割をどのように重みづけするのかも課題になろう。ボイヤーは、大学教員は学識者（scholar）であって、発見の学識、統合の学識、応用の学識、教育の学識からなる 4 つの学識を兼ね備えている必要があると述べている（Boyer 1990）。そして、これらは相互補完的であり、対等に評価されるべきにもかかわらず、発見の学識、つまり研究業績のみ高く評価されがちであることを批判した。実務家教員について言えば、とりわけ重要になるのは、実務と研究の位置づけであろう。実務を重視することはもちろんであるが、研究を軽視してはいけない。とはいえ、すべての役割を教員全員に期待するとなれば、実務家教員の業務負荷は膨大なものになるだろう。

　一方、これらの役割をいかに統合するかも課題となる。これは一般の大学教員にも該当する課題である。これらの役割が統合されていない場合、教育が忙しくて研究ができない（その逆も然り）と自己を評価してしまったり、あの教員は社会活動ばかりやっていて教育をやっていない（その逆も然り）と他者を評価してしまったりする可能性がある。

　もちろん、大学教員に与えられた複数の役割を統合するのは容易ではない。この統合を促進するツールの 1 つが、セルディンらによって提唱されているアカデミック・ポートフォリオ（Seldin 2008＝2009）である。アカデミック・ポートフォリオは、大学教員が自らの活動について記した文書であり、ティーチング・ポートフォリオ同様、自らの活動について俯瞰して振り返り、その自らの記述をエビデンスによって裏づけた厳選された文書のことである。複数の役割を担い、各役割が複雑に絡み合う実務家教員であるからこそ、アカデミック・ポートフォリオの作成を通して、各役割の統合を促すことは有効であるように思われる。

4.1.2　尺度を用いた評価

　収集した情報は数が多ければ良いというものではない。その質を問う必要

がある。しかし、専門度の高い大学教員の業績を数値で評価することは困難
である。研究業績や教育業績はもちろんのこと、尺度評価の実績が少ない実
務実績の評価は困難を極める。例えば、B専門職大学の人事担当者は、メ
ディアへの出演ひとつとっても、全国メディアと地方メディアの出演のどち
らが優位かを判断することはできないという。全国メディアへの出演の方が
社会的インパクトは大きいようにも思われるが、B専門職大学は地方に存在
しているため、地方メディアへの出演の方が組織への貢献度が高い可能性も
あるからだ。その他、学問分野によっても、業績の価値は異なる。各機関の
使命や学問分野の価値、文化に応じた尺度をどうつくり上げていくかが課題
になろう。

4.1.3　成果・業績給との結びつけ

　本稿では、業績評価の課題の整理にとどまり、成果・業績給の導入につい
ては言及できなかった。しかし、今後は避けて通れない議論である。既にB
専門職大学では、昇進案件が今後出てくることもあり、目安づくりに着手し
ているという。先行研究の知見では、成果・業績給は情緒面でも業績面でも
有効とは言えず、以下のような問題が生じているという（山本 2020）。

　　大学教員のように教育・研究・社会貢献（それに学内運営）の複数業務
　　を同時に行う場合には、それぞれの業務の成果の測定を客観的に行うの
　　は困難になり、誘因の強度を大きくするのは逆効果になる。また、成果
　　給は金銭的誘因により動機づけられることへの拒否感を招き、非金銭的
　　な内発的動機づけが低下して組織業績を悪化させる危険性もある。この
　　ほか、報酬に反映される成果指標への着目から構成員（教職員）の行動
　　がゲーム的になり、目標値の設定を組織管理者は高めに、構成員は低め
　　にし、コンフリクトをおこすこともある。さらには、学生支援での教職
　　員の協働やカリキュラム改革や運用に際し教員間の協働が教育活動では
　　重要になるから、過度の個人ベースの成果給は組織業績にマイナスにな
　　る可能性もある（山本 2020: 104-105）

　企業などでの実務経験がある実務家教員であるからこそ、このような問題

についての理解も容易かもしれない。また、ここに問題を感じて教員になった者もいるだろう。業績評価を成果・業績給とどの程度、結びつけるのかについては、当事者による熟議によって解決していく必要があろう。

4.1.4　FD との連携

　教員の業績評価と FD（ファカルティ・ディベロップメント：教員の能力開発）は表裏一体のものである（Arreola 2007:xxi）。機関が教員の業績評価を行うのであれば、教員がその業績を上げたり伸ばしたりするための能力開発の機会やリソースを機関が用意すべきである。逆に言えば、業績評価と連動しない FD を展開したとしても、その効果は限定的である。業績評価制度において求められる役割と具体的なスキルを明示するとともに、それに対応する FD の機会が保証されるべきであろう。

　実務家教員にとっては、どのような FD が求められ、その方法にはどのようなものがあるかについては、既に提起されている（佐藤 2020）。これまで実務において実績を残してきた実務家教員が、能力開発に取り組むには心理的抵抗も予想される。しかしながら、求められる役割に必要なスキルを習得したり、更新したりすることは不可欠である。A 大学 C 学部では、コンプライアンス教育などにも力を入れているという。総じて管理運営能力が長けていると言われる実務家教員であっても、資金の使い方やハラスメントについては、企業と状況が異なることもあり、改めて教育の必要性を感じているという。各種問題が発生する前に、どのような能力開発が必要なのかを見極めて、実務家教員のニーズにあった能力開発の機会を各機関が提供する必要がある。

4.2　今後の研究課題

　既に述べたように、実務家教員制度が普及してから日が浅いこともあり、本テーマに関連する先行研究は非常に少ない。まずは国内における実務家教員の業績評価制度の実態を把握するための調査が必要である。実務家教員を雇用する大学や専門職大学において、業績評価の現状と課題を明らかにする研究が求められる。対象となる大学へのアンケート調査などの量的調査、ならびに事例研究などの質的調査が求められるだろう。とりわけ、実務家教員

　の雇用経験のある国内外の大学の事例研究は有用であろう。

　実務家教員には、従来の大学教員とは異なる業績評価基準が必要となる。今後、実務家教員の業績評価のあり方について研究を進めることで、一般の大学教員の役割や業績評価の再検討にも有益な知見が生み出されることが期待される。

参考文献

Arreola, A. Raoul. (2007) *Developing a Comprehensive Faculty Evaluation System: A Guide to Designing, Building, and Operating Large-Scale Faculty Evaluation Systems*, 3rd Edition, Jossey-Bass

Boyer, Ernest L. (1990) *Scholarship Reconsidered: Priorities of the Professoriate.* Princeton University Press（＝有本章訳（1996）『大学教授職の使命 ―― スカラーシップ再考』玉川大学出版部）

大学評価・学位授与機構（2009）『日本におけるティーチング・ポートフォリオの可能性と課題 ―― ワークショップから得られた知見と展望』評価結果を教育研究の質の改善・向上に結びつける活動に関する調査研究会報告書

Debowski, Shelda. (2012) *The New Academic: A Strategic Handbook*, Open University Press, McGraw-Hill Education

濱名篤（2021）「実務家教員の条件」実務家教員COEプロジェクト編『実務家教員の理論と実践 ―― 人生100年時代の新しい「知」の教育』社会情報大学院大学出版部，44-60

幡野純（2009）「東京理科大学における教員評価制度」大学行政管理学会「大学人事」研究グループ編『大学人事研究 II 変貌する大学人事 ―― 教員評価の実状と経営人材の育成』学校経理研究会，99-107

乾喜一郎（2021）「実務家教員のキャリアパス」実務家教員COEプロジェクト編『実務家教員の理論と実践 ―― 人生100年時代の新しい「知」の教育』社会情報大学院大学出版部，61-77

川山竜二（2020）「実務家教員とは何か」実務家教員COEプロジェクト編『実務家教員への招待 ―― 人生100年時代の新しい「知」の創造』社会情報大学院大学出版部，16-53

岸真由美（2018）「日本の大学における教員評価の現状（二つの報告書から）」佐藤幸人編『21世紀アジア諸国の人文社会科学における研究評価制度とその影響』アジア経済研究所「21世紀アジア諸国の人文社会科学における研究評価制度とその影響」調査研究報告書，59-71

国立大学等の独立行政法人化に関する調査検討会議（2002）「新しい『国立大学法人』像について」

佐藤浩章（2020）「実務家教員に必要なFD（ファカルティ・ディベロップメント）」実務家教員COEプロジェクト編『実務家教員への招待』社会情報大学院大学出版部，87-104

佐々木恒男・斎藤毅憲・渡辺峻（2006）『大学教員の人事システム』中央経済社

Seldin, Peter. (2004) *The Teaching Portfolio: A Practical Guide to Improved Performance and Promotion/Tenure Decisions*, 3rd ed., Anker Publishing Company（＝大学評価・学位授与

機構監訳（2007）『大学教育を変える教育業績記録』玉川大学出版部）

Seldin, Peter and J. Elizabeth Miller. (2008) *The Academic Portfolio: A Practical Guide to I Documenting Teaching, Research, and Service,* Jossey-Bass（＝大学評価・学位授与機構監訳（2009）『アカデミック・ポートフォリオ』玉川大学出版部）

田中正弘（2017）「採用・昇進・テニュア授与に関わる大学教員の業績評価 米国カリフォルニア大学の事例を中心に」『大学研究』43: 43-50

山本清（2020）「大学教員の人事評価 —— 理論と実践からの示唆」『高等教育研究』23: 97-118

第7章

実務家教員のポートフォリオ

1. はじめに

　実は、納得できる仕事をしてきたであろう実務家教員養成プログラムの応募者から「自分の仕事に自信が持てない」「自分の専門性が分からない」などのような、経験に対する自信のなさにつながる言葉をよく聞く。果たして、この現状は何に起因しているのだろう。ひょっとしたら、実務家の多くは、意外と仕事上のキャリア（仕事の専門性［幅と深さ］を獲得してきた仕事経験）を意識できていないのではないだろうか。

　本稿を担当する筆者3名のうち、鵜飼と斎藤の2名は専任の実務家教員であり、田口は人材育成コンサルタントとして企業や大学で講師を務めるやはり実務家教員の一人である。本稿で紹介する「実務領域診断カルテ」は、実施委員長を務める鵜飼の構想を基点に田口と斎藤をパートナーに開発が進み、運用されている。鵜飼は、大学へ転職後、一貫して産業、行政、市民活動等のステークホルダーとの連携を通じ高等教育機関を中心に人材育成プログラムを考え、実践してきた。自問自答してきたのは、実務家時代にどのような経験を通じ仕事が熟達してきたのか、それらをどのように学生に移転するのか（あるいは、気づかせるのか）、大学人として新しく獲得する知識やスキルは何か、である。

　以下では、進化型実務家教員養成プログラム（TEEP: Training for Emerging Educators and Practitioners）コンソーシアム（中核校：名古屋市立大学、連携校：岐阜薬科大学、高知県立大学、中京大学）で採用する「実務領域診断カルテ」の考え方と方法を紹介する。この実務領域診断カルテは、筆者（鵜飼）が転職後の試行錯誤を通じて手応えを感じてきた要素を反映したものであり、進化型実務家教員としての能力開発の基本となる安定して発揮できる10の能力（コンピテンシー）、経験の振り返り、実務家教員としてのキャリア開発デザインから構成されている。

　本題に入る前に、TEEPで養成する進化型実務家教員について、説明を加えておきたい。一般的に「実務家教員」とは、専門職大学院や専門職大学の実務家教員でとられている概念規定にしたがって、おおむね5年以上の実務の経験と高度の実務能力を有する大学等の教員と考えられている。その一方、TEEPでは、実務家教員コンピテンシー調査を踏まえ、先に述べた規定に加え、実務家教員を「実務家として『一仕事以上を成した』上で、大学の職に転じた教員」ととらえている。彼らは、実務家時代に、基礎理論の応用経験があり、かつ、組織を動かす経験や全社的な視点に立った仕事の経験を有していた。このような実務家を「進化型実務家教員養成プログラム」では養成の出発点に置いている。

　そして、TEEPでは、2つの意味があり「進化型」と銘打っている。第1に、「実務における知識と経験」だけでは「教育における『学ばせる力』」とはならないから、第2に、不確実な時代に課題解決を担い、その場を人材育成の教育現場とする解決力が求められているからである。そこで、これから求められる実務家教員は、経験を伝えること以上の能力を持っている必要があるため「進化型」実務家教員と表現している。本稿では、断りのない限り、進化型実務家教員の意味を含むものとして、実務家教員の用語を用いる。

2. 実務家教員の仕事

2.1　あるエピソード[1]

　筆者の一人、鵜飼の葛藤を紹介することから論考を進めてみたい。実務家時代は調査会社にて調査及びコンサルティング事業に従事していた。同社での最終年は、週末起業で中国からの撤退コンサルティング事業をビジネスパートナーとともに創業し、バックオフィス機能を担っていた。これを本業としていこうと決意した1〜2カ月後に、恩師の一人から教えていただいた公募で面接審査に進んでいた愛知学院大学（前任校）より内定をいただいた。担当した授業は「ベンチャービジネス論」。経験を活かして、大学を実社会のニーズを踏まえた課題克服の社会実験の現場とし、企業などから要求される水準で課題解決ができる学生を育てられると考えていた。

　ところが、1カ月ほどで疑問が湧いてきた。私自身が実務で経験し大切に

してきた部分と、当時用いていた大学のテキストに大きな乖離があったからだ。「ベンチャービジネス論」講義の目的とは、研究成果を教えることなのか、将来ベンチャーを立ち上げる起業家の素地を育むことなのか。自分が伝えるべきものは何なのか、とても思い悩んだ時期でもある。今、筆者（鵜飼）がTEEPプログラムの説明で盛んに強調している実社会と大学との「段差（ギャップ）」がそこにあったといってもよいだろう。

　段差を埋めるために筆者（鵜飼）がしたのは民間企業やNPOにパートナーを見つけること。ポイントは次の3点にあった。第1に、自身の前職と起業プロセスでの経験を振り返り、決断を迫られた状況設定や失敗から学ぶプロセスを疑似体験できる教材開発。第2に、真剣勝負の経験を積める機会づくり。第3に、教育支援者としての姿勢、心得、技能を自ら開発すること。

　現在も理事を務めている名古屋に本部を置く特定非営利活動法人起業支援ネット[2]を通して、文字通り起業家を支援する活動に関わり始めた。起業支援のフレームワークと支援者としての心得、方法論を私自身が学び、それを踏まえて私が大学でやるべきことは、目の前の学生に起業家としてのマインドセットとスキルセットを身につけさせることだと確信した。

　そこで、前任校では次のような「アントレプレナーシップ教育の履修モデル」を構築し、①経営者との対話を通じてマインドセットの違いを理解する導入科目、②自分自身の企画や事業計画についてペアインタビューを通じて見える化するアクティブラーニング科目、③イノベーション、ベンチャービジネス、アントレプレナーシップとは何かを理論で学ぶ講義科目、④学生が自身のアイデアを出発点に企業と一緒に商品開発をする出口科目として位置づけたPBL科目（「バーチャルカンパニー」[3]を通じた起業家育成プログラム）として展開した。授業は実務家教員である私と、組織学習論を専門とする学術基盤教員の2人が、相互に補完する関係で組み立てた。加えて、将来ベンチャーを目指す高校生、バーチャルカンパニーで活動する学生、創業した卒業生や社内で新規事業を担う卒業生までが参加し、学び合う「共育」環境づくりを企画し、愛知学院大学版「大起業市場」として実現した。

　バーチャルカンパニー・プログラムでは、2005年度から2018年度までの間に、学生による累積VC数は約66件（累積参加学生数は約350人）、協力企業数は延べ66社に達し、学生による活動成果は、最低2段階で学外者に

よる第三者評価を受ける教育支援体制を組み立てた。この間、私自身はメンター（指導者、助言者）となり、日常的に学生の活動を支援し続けた。

2.2　2種類の段差を意識し、解消する努力

　TEEPでは、実務家教員が対応すべき実社会と大学との「段差（ギャップ）」には2種類あると想定している（図表7-1、7-2）。
　第1の段差は、仕事の高度化が急速に進むことから、現在ではかつて以上に、教育機関から輩出される人材と仕事世界で求められる人材の能力に関する「段差」が拡大していることを意味している。これは人材育成に関する段差と言ってもいいだろう。立教大学の中原淳教授は2019年9月23日付日本経済新聞の中で、次のように指摘している。

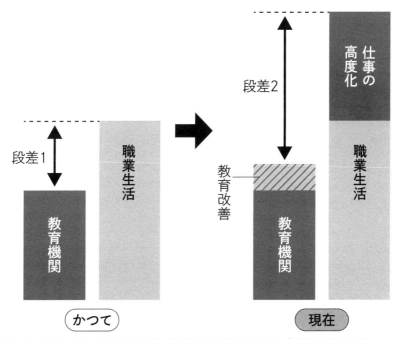

出所：2019年9月23日付日本経済新聞「大学教育と職業生活 広がる「段差」実践で是正」

図表7-1　教育機関と仕事世界の間の「段差」［出典：中原（2019）］

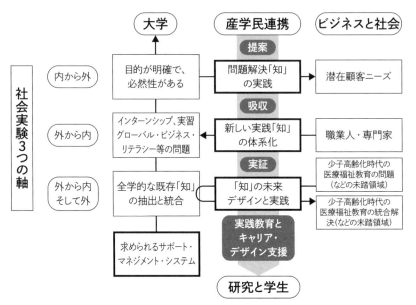

図表 7-2　産学連携に向けて我々が置かれている「段差」[出典：筆者（鵜飼）作成]

　　大学を卒業し職業人になってから要求される能力は高まる一方なの
に、大学教育がこれに追いつけず、両者の「段差」が広がっている。す
なわち、現在、職業生活で必要になる能力水準の伸びに、教育機関で獲
得できる内容の進展が追いついていない。

　　図に見るように、以前から教育機関と職業生活の間には「段差」が存
在していた。しかし、かつてはこの段差 1 は、それほど大きくはなかっ
た（左）。それ故に、企業はこの段差を研修や職場内訓練（OJT）で埋
めてきたのである。しかし時代が変わり、現在は教育機関と職業生活の
間の段差が大きく開きつつある（段差 2）。原因は職業生活において求
められる仕事が高度化していることである。

　　具体的には、ホワイトカラーであれば英語などの語学力が必須になり
つつあり、多様な国籍の人々と社会における課題解決を情報通信技術
（ICT）などを用いてチームワークを発揮し、スピーディーに行わなけ
ればならなくなっていることなどが、想起される。

　　かつてならば、段差 2 は企業に入ってからの企業内人材育成で埋めれ

　ばよかった。しかし、今やそれだけでは不足である。筆者（引用者注：
　中原教授）の見立てによれば、この段差2に対する対応を誰がどのよう
　に担っていくのかについて、この10年ほど教育機関と企業は口角泡を
　飛ばした議論と責任のなすりつけあいをしてきた。

　このような段差2が生じる環境を知り、それを乗り越える実践的な学び方
が求められている。
　第2の段差は、大学の使命の1つは「社会貢献」に置かれているものの、
必ずしもうまく機能しているとは言い切れないことだ。産学官民で位相の違
いがあり、問題解決知の実践・新しい実践知の体系化・知の未来デザインの
機会があるものの、産学官民の間をつなぐマネジメント・システムが不在な
ため、機会が活かされていないからであると筆者は考えている。これは問題
解決に関する段差と言ってもいいだろう。
　昨今、大学を1つの重要なプレイヤーとして産官学連携で知の融合を推し
進めながら、国際レベル、地域レベル、産業レベル、企業レベルの各段階で
の競争力を高めることを目標としている。一連の政策は、次世代産業の創出
や産業の高度化を基本に構想されたものだが、道半ばといったところだろう。
　企業や大学などの組織形態の違いを超えた知の融合、専門領域を横断する
知のあり方の検討という考え方は、イノベーションが起こる際の普遍的なも
のである。しかし、組織形態の違いは、考える視点の違いでもあり、変化を
推進し社会を新たなステージに移行する新しいタイプの仕組み、組織、それ
らを支える人づくりが求められている。
　また、人材育成という視点で言うと、大学内に目を転じてみると、研究者
育成を中心にしたカリキュラムや教育手法に依存していては、重要性を増し
ている職業人、専門家を育成・教育することが困難な状態である。
　産学連携の現場では、図表7-2にあるように、ア）「問題解決知」の提案
と実証、イ）「新たな実践知」の吸収、ウ）「知の未来デザイン」の創出と
いった、社会実験3つの軸ははっきりしている。しかし、産学官の間をつな
ぐマネジメント戦略と中核となる戦略人材が不在な大学が多い。ポイントが
分かっているのに、動かない、動けない状態と言ってもいい。改めて、社会
実験3つの軸を確認すれば、「問題解決知」は大学内の知的財産を社会の問

題解決に役立たせること、「新たな実践知」は社会の知的財産を大学内の問題解決に役立たせること、「知の未来デザイン」は問題が発生しているが、対処方法が未知の領域を産学民の連携で解決していくこと、を意味している。

　筆者の20年超の大学での仕事経験から言えることは、大学に身を置き実務の世界のルールを知ってマネジメントできる実務家教員の必要性は高いということだ。

2.3　実務家時代の経験の連続性と新たな能力開発の必要性（三角形モデル）

　実務家教員として必要となる能力要件について、筆者らの考え方を示したい。図表 7 - 3 は、関満博著『フルセット型産業構造を超えて』で示された「技術の集積構造」（下段に基盤技術、中段に中間技術、上段に特殊（先端技術）を応用したものであり、仕事能力の構造としては仮説の域を出るものではないが、職業人としての能力には類似した構造があると考え、理念型として活用している。

　「A」の二等辺三角形に注目してほしい。３層構造に分かれ、下段に社会人基礎力・ベーシックスキル、中段に業務遂行スキル（所属企業に特殊性の高いスキル［企業特殊スキル］と仕事の仕方やプロジェクトの進め方などのポータブルスキルで構成される）、上段に技術変化や環境変化に伴う特殊技術や先端技術などである。なお、ここでいうスキルは知識や技能を含む概念であり、また、特殊技術や先端技術は時間が経てば、業務遂行スキルやベーシックスキルの一部になっていく。「B」のように配置転換や転職などで仕事が変わると、「A」から「B」への移転が可能なスキルと、「B」で新たに獲得しなければならないスキルがある。

　具体的にどのようなスキルが移転可能か、あるいは不足しているかは、個人差や仕事差があるため言明することはできない。現段階では、実務家が実務家教員に転職した場合、実務家教員として通用する実務家時代に獲得したスキルがある一方、不足しているスキルがあり、新規に修得する努力が欠かせないことが分かればいいだろう。もっとも、本稿の冒頭「はじめに」で指摘したように「自分の仕事に自信が持てない」「自分の専門性が分からない」との実務家が少なくないのも事実であり、実務家教員として活動するために

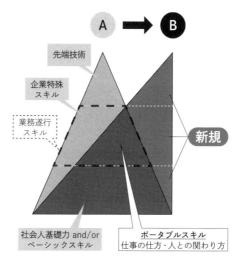

図表 7 - 3　経験の構造化と新たな能力開発領域の考え方［出典：筆者（鵜飼）作成］

も仕事経験を通じて獲得してきたスキルの再検証が不可欠であると考えている。

　2.1 のエピソードで紹介したように、筆者（鵜飼）が調査会社から大学に転職した最初に、仕事世界と大学における人材育成の段差は認識できていた。しかし、その段差を解消するためには、自身の経験のみでは対応できず、人材育成に向けた新たな教育観や教育メソッドの獲得が必要であり、企業や非営利活動などの民間セクターで、経験をさらに積むことが不可欠であった。これは実務家教員としても新たなキャリア開発が必要であることの証左でもある。

　次節では、実務家教員のコンピテンシー（安定して発揮できる能力）という観点から、実務経験を通じて獲得した能力の活用と不足領域の認知について切り込んでいく。

3.　実務家教員のコンピテンシー

3.1　現役実務家教員ロールモデル調査で確認したコンピテンシー

　TEEPでは、養成プログラムの基本コースと専門コースを受講する期間に、実務家教員としてのコンピテンシーの判定を行い、実務家教員として安定して発揮できる能力の向上を促している。ロールモデルとして推薦された実務家教員を対象に、アンケート調査と補足ヒアリング調査を実施して、10の安定して発揮できる能力としてコンピテンシーを抽出した。また、これらコンピテンシーが正当性を持つものかを検証するため、コンピテンシー抽出時とは異なる実務家教員を対象に第２回目のロールモデル調査を行った結果、現役実務家教員の多くが実務家時代に有意義なコンピテンシーを持っていた事実を確認できた。以下にて順を追って説明する。

3.1.1　実務家教員に係る先行研究[4]

　先行研究事例として、千葉大学客員教授である松野弘氏の著書『講座 社会人教授入門―方法と戦略』（2019年２月発刊、ミネルヴァ書房）を取り上げる。同書は、社会人が戦略的に大学教員になるための指南書として書かれたものであるが、TEEPの目的である実務家教員の知的熟達の判定と実務家教員に求められるコンピテンシーに対する松野の見解と11名の実務家教員へのインタビューによる検証がなされているため、先行事例研究としてふさわしいと判断した。

　松野は、大学教授としての資格と知的資源の基本要素を図表７-４のように構造化している。その趣旨は次の通りである。大学教授としての「人間性」として、努力家、教育熱心な人、研究熱心な人、批判的視点を持てる人、執筆力のある人（自分で責任を持って文章を執筆できる責任感と人間性を兼ね備えた人）、表現力のある人（自分の考え方を相手に的確、かつ、分かりやすく伝えていく能力のある人）、金銭よりも知性や社会倫理性を重んじ、国民・市民のことを考えて教育研究活動を行う人などをあげている。大学教授になるための「資質」として、①知的好奇心、②知的執着心、③知的継続力を挙げ、これらが備わっているか否かを確認するためのチェックリストを示し、質問に対して３つ以上「ある」場合には「資質」ありと判定できると

している。そして、大学教授になるための「適性」として、執筆力、説明力、プレゼン力、コミュニケーション力、問題提起力、問題分析力、問題解決力を有することとする。

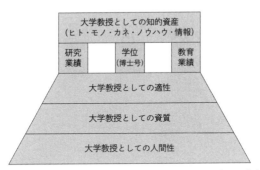

図表 7-4　先行研究で示されている社会人大学教授としての資格と知的資源の基本要素
　　　　　［出典：松野（2019）］

　さらに、実務家教員の適格性要件を以下のように挙げ、3項目以上該当することが必要であると主張している。①社会経験（企業経験、行政経験、NPO・NGO活動経験）が5～10年以上あること、②当該専門分野のエキスパート（専門家）であること、③大学院で教育・研究の研究経験があり、学位（博士号）を取得していること、④国内外の学会に所属し学会における報告経験が5～10回程度あること、⑤日本語の学術的著作・論文が最低でも、単著1冊、編著2冊、共著3冊、論文15～20本程度あるとともに、外国や国際的な研究誌に外国語論文（英語その他）を複数（2本以上）発表していること。

3.1.2　TEEP による第 1 回実務家教員ロールモデル調査項目と考察[5]
（1）調査項目と対象
　先行研究の調査アプローチを参考に、TEEPでは12名の社会科学系の実務家教員に対して以下の視点を確認する構造化インタビューを実施した。インタビュー項目を時間軸でとらえれば、①と②は実務家教員になる前、③と④は実務家教員として活動する現在、⑤は実務家教員のこれから（理想像）について尋ねたものである。

①実務家教員になる前にどんなキャリアを形成したか
②実務家としての知的熟達をどう判定するか
③実務家教員で成功するための条件は何か
④進化型実務家教員による教育（産業界が求める人材を大学が提供する）を実施するための環境や実現方法
⑤進化型実務家教員養成プログラムに求められること

　なお、12名の実務家教員の選出に当たっては、ロールモデルになると紹介された現役の実務家教員を対象とした。実際の大学で働いている実務家教員の実態を反映するため、松野が指摘したような厳格な資格と知的資源の基準をあえて用いなかった。実務家教員はアカデミック教員とは異なる役割が求められるため、アカデミック教員に似たような人である必要はまったくない。先行事例研究の対象とした松野の研究はたいへん造詣深い内容となっているが、「研究」中心の適格性要件になっているものと思われるからだ。

（2）調査結果の考察
　ロールモデル調査から見えてきた実務家教員の活躍領域を明確にするため、図表7-5のように縦軸に「実学性」の高低、横軸に「学術性」の高低を置いたマトリックスを作成した。
　第1に、学術性が高い一方、実学性が低い「アカデミック領域」で、例えば、各学問分野の修士・博士の養成を主眼とした領域。
　第2に、実学性が高く、学術性も高い「アカデミックの応用領域」で、例えば、実践の理論化、業界理論・職種理論、企業やNPOとの協働、本格的なインターンシップが該当する。
　第3に、実学性は高い一方、学術性が低い「職業訓練校的領域」で、例えば、企業が求める知識・スキルを大学が提供する、社会人のキャリアアップのための専門課程を想定した。
　第4に、学術性、実学性ともに低い「職業能力向上領域」で、例えば、社会人基礎力向上や就職指導にあたる。
　これら4領域のうち「アカデミックの応用領域」「職業訓練校的領域」「職

業能力向上領域」で実務家教員は活躍していることが確認できた。

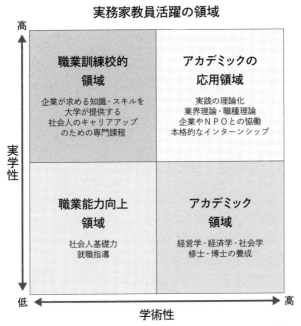

実務家教員活躍の領域

図表 7-5　実務家教員活躍の領域マトリックス［出典：ジョイワークス（2020）］

　インタビュー結果から、現役の実務家教員がロールモデルになると推薦した、やはり現役の実務家教員には、一定程度共通項があることが見いだせた。以下では、時間軸に沿って特徴を示すこととする。

①実務家としての働き方やキャリア形成の特徴

　第 1 に、スタンフォード大学ジョン・D・クランボルツ教授が提唱するキャリア理論である「計画された偶発性理論（Planned Happenstance Theory）」に合致している。頭の片隅には大学教員になることを考えている方もいたが、「まるで大学教員になることを準備し、ある出来事やキーパーソンからの助言がきっかけ」で大学教員になっている方がほとんどであった。

　第 2 に、企業内における人事異動や役割変更に対して、本人にとっては不本意な人事異動であっても、真摯に受け止め、新しい役割で活躍するための

知識やスキルを誠実に学ぶことで、結果として複数の専門性を獲得している。

　第３に、新しい役割には、社内で誰も手がけたことのない仕事も多く、自ずと学習の対象が「外」に向き、学会やマネジメント団体・経済団体・新聞社・NPOといった中立的な組織との関わりを持ち、結果的に社内だけでなく社外でも通用する知識・スキル・思考を鍛えている。

　第４に、所属企業の経営改革プロジェクトやコンサルティング業務、国際イベント運営などを通じて、組織を動かし、変革する際に生じる軋轢を乗り越える体験をし、その過程で経営者からの薫陶を受けるなどして「経営の本質」を学んでいる。この体験は、実務家教員としての実力の礎になっている。ビジョンの達成や組織の全体最適を実現するためのリーダーシップも学習しているものと思われる。

　第５に、これらの過程でアカデミック教員との深い関係性が構築され、アカデミック教員が大学教員になることを勧めてくれたり、公募していることを教えてくれたり、時にはメンターの役割を果たしている方もいた。

　最後に、先行研究が示した基本要素（仮説）とは違うが、実務家時代における執筆歴・教育歴・学位についての特徴として、次のような２点が見て取れた。

　第１に、実務家時代における執筆歴に関しては、ほとんどない方も豊富な実績のある方もいて、バラツキが見られた。教育歴においても同様。学位については、12名中５名が修士で、７名が学士で、博士はいなかった（教員任用後に修士に１名、博士に２名なっている）。

　第２に、クリティカルな状況の中での実務経験を語る際に、実務での成果をプロセスだけでなく、成果の影響度や意味、成果を上げるための重要成功要因などを構造的に語ることができるという共通項がある。執筆歴が少ない方にでも「執筆に値する論理」が形成されていた。

②実務家教員採用以後に見られる特徴

　実務家は、実務家教員に採用されたのちにもキャリア形成は続く。ロールモデル調査から、次の５領域での実態が明らかになった。

　第１に、実務家教員の特性や役割として、

　　・理論を分かりやすく説明するだけでなく、企業や業界の実態や将来を

踏まえてリアルな現実を理論化し、自らの実務経験を活かして学生に
教えることを挙げている。

・実社会のニーズを踏まえた問題の所在を設定する、学生に色々な体験
させるといったチャレンジ精神を発揮している。

・組織で働き、仕事で成果を上げるための能力やノウハウを基に学生に
アドバイスをしている。

第 2 に、実務家教員ならではの貢献として、

・実践と研究を結びつけた効果的なメソッドと評価方法を見いだす。

・新たな社会問題に対して産学官民の間で新たな関係を築きながら解決
していく（大学にない価値観を導入して擦り合わせていく）・・・活
動を可能にしているのも、産業界の本質である実態と実践を重視し、
産業界をはじめとする外の世界とつながっているから。

・学生の課外活動においても地域の方々との信頼関係を構築することを
体験させ、価値ある活動に転換していること。

・学生をビジネスコンテストに参加させ、優秀成績を上げることで、学
生に自信を持たせる活動をしている。

・学生へのキャリア支援でも大きな役割を演じている。・・・エントリー
シートの書き方指導、就職の模擬面談を実施、ブラック企業の見分け
方指導、学生が課外活動する際のマナーの指導、関係者との信頼関係
の築き方の体験学習など、ここでも実務経験が十分に活かされている。

・インターンシップの充実化に貢献している実務家教員も見受けられた。

第 3 に、社会・地域連携については、

・実務家教員の方がうまくやっているという意見が圧倒的。

・社会や地域と連携して、社会問題・地域問題の解決のために多くのス
テークホルダーを巻き込んで展開。

第 4 に、実務家教員は、自律した職業人として、

・学会活動などを通じてアカデミック領域のことを学び、新しい情報の
収集も積極的に行っている。

・前職や業界とのつながりを維持し、新しい社会問題に挑戦すること
で、新たな人脈を形成するなどオープンなスタンスで持続的に「実務
家教員としての強み」の維持に努めている。

第５に、実務家教員が苦労している領域としては、

・実務家教員になった初年度に教材作成などで苦労。
・大学の施設や大学でのたしなみなどを教えてくれる人がいたら助かるといった声も。
・アカデミック教員や大学職員との仕事の進め方や思考法でのギャップをみな感じている。
・大学での評価が研究に偏っていることで、実務家教員としての強みが評価されない・・・実務家教員としての魅力が薄れてしまうといったことが内在化されている。

3.1.3　実務家教員に求められるコンピテンシー・モデル
（1）実務家教員の知的熟達の判定方法

大学設置基準[6]は、教授の資格を次のように定めている。

第十三条　教授となることのできる者は、次の各号のいずれかに該当し、かつ、大学における教育を担当するにふさわしい教育上の能力を有すると認められる者とする。
一　博士の学位（外国において授与されたこれに相当する学位を含む。）を有し、研究上の業績を有する者
二　研究上の業績が前号の者に準ずると認められる者
三　学位規則（昭和二十八年文部省令第九号）第五条の二に規定する専門職学位（外国において授与されたこれに相当する学位を含む。）を有し、当該専門職学位の専攻分野に関する実務上の業績を有する者
四　大学又は専門職大学において教授、准教授又は基幹教員としての講師の経歴（外国におけるこれらに相当する教員としての経歴を含む。）のある者
五　芸術、体育等については、特殊な技能に秀でていると認められる者
六　専攻分野について、特に優れた知識及び経験を有すると認められる者

筆者らは、実務家としての知的熟達こそが、「準ずると認められる」及び

「専攻分野について、特に優れた知識及び経験を有すると認められる」に該当するものと考える。だからこそ「実務家教員の知的熟達の判定方法」を明らかにする意義がある。実務家の知的熟達レベルを評価するツールに、厚生労働省が提唱する「職業能力評価基準」[7] がある。レベルごとにどのような活動が求められ、どのような知識がその前提となっているか、分かりやすくまとめられている。実務家教員を目指す人が自身のキャリア目標として活用するには有効であると思われるが、第三者が判定するためのツールとして活用するのは難しい。その理由は、①実務内容を熟知していないと正確な判断ができない、②チェックしただけでは実績が分からない、③質的要素が分からない、④新しい領域の仕事に対応していない、などが挙げられる。

　実務家教員の方へのインタビューで自身の専門性を 1 ～ 5 点で評価してもらい、その判断理由や 5 点の設定理由を聞き、専門性の知的体系について問いかけている。インタビューして分かったことは、3.1.2 の（2）にて紹介した通り、クリティカルな状況の中での実務経験を語る際に、実務での成果をプロセスだけでなく、成果の影響度や意味、成果を上げるための重要成功要因などを構造的に語ることができるという共通項がある。執筆歴が少ない方にでも「執筆に値する論理」が形成されていたことが分かる。そして、聞き手に共感や臨場感が伝わってくる。たとえ聞き手の専門領域でなくても、その成果の価値や意味を判断することができる。

（2）コンピテンシー・モデルの構築[8]

　先行事例研究及び今回のインタビュー調査から見えてきたことから、コンピテンシー・モデルを「専門力」「発揮能力」「適性」の 3 つの面から整理した。その内容は以下の通りである。

①実務を通じて修得した専門力〈知識・経験〉
　ア）知識（専門領域の深い知識と経営・経済・社会に関する本質的理解）
　　　知的熟練度の判定方法：執筆の実績（書籍、論文、レポートなど）
　　　　　　　　　　　　　　講演、口頭発表、研修講師の実績
　　　　　　　　　　　　　　非常勤講師の実績
　イ）経験（実践してきた成果）

　　　　知的熟練度の判定方法：自分のキャリアプロセスを魅力的なストーリー
　　　　　　　　　　　　　　で語れる
　　　　　　　　　　　　　　自分のキャリアを記述し形式知化できる
　　　　　　　　　　　　　　自分の専門性が、その領域において他者にはな
　　　　　　　　　　　　　　い希少性が証明できる

②安定して発揮できる能力〈コンピテンシー〉
　安定して発揮できる能力として抽出したのが図表7-6にある10個のコン
ピテンシーであり、構造的に配置したものが図表7-7である。
　個々のコンピテンシーについては、図表7-6を確認いただきたい。ここ
では、コンピテンシーを構造化した図表7-7を使って、実務家教員の4つ
の活躍領域と関係づけながら説明を加える。実務家教員には、「研究者とし
て」「教育者として」「社会貢献者として」、そして「学内運営者として」の
4つの活動領域がある。実務家教員基礎力として、「タイムマネジメント力」
「コミュニケーション力」「ITリテラシー」が必須であり、これらを基礎と
して、研究者として活躍するために「知識創造力」が、教育者として活躍す
るために「人材開発力」が、社会貢献者として活躍するために「組織開発力」
が求められ、これらを支える力が「継続学習力・研究力」「情報収集・整
理・活用力」「教育技術力」「経験の体系化力」である。学内運営者としての
力は、実務経験から安定して発揮できることを前提にしている。学内運営者
として時間と力を割けない実務家は、実務家教員としては不適格であると言
い換えてもよい。

能力	能力を考えるポイント
知の発信力	発信できなければ、知の体系化ができず、他者や社会への貢献ができない。
継続学習力・研究力	「研究とは何か」が分かっていて、時代の変化も激しく、技術革新のスピードが速い社会の中で、新しい学習が必要であり、自分の専門領域の学習も欠かせない。
経験の体系化力	実務は理論研究と異なり、さまざまな体系的ではない経験を積み重ねるが、それらの暗黙知を形式知化できなければ、教育ができない。
組織開発力	共同研究やさまざまな学内外のプロジェクトにおいて協働するために他者を説得し巻き込んでいくことが欠かせない、リーダーシップ力・フォロワーシップ力も含まれる。
コミュニケーション力（正しく理解する力・相手に正しく伝える力）	多様な人と交流していく中で、コミュニケーションは欠かせない、量ではなく質が重要で他人を正しく正確に理解できること、自分の考えや思いを正しく伝えられるかどうかが求められる。
タイムマネジメント力	教員は授業と会議など以外は、自分でコントロールできる時間が多いが、多様な仕事をこなさないといけないので、しっかり自己管理と時間管理ができなければ、どんな役割もこなせない。また、仕事には真面目な人でも、時間に遅れる傾向の人や納期を守れない人がいるが、そのような教員は、学生の見本にならないだけではなく、悪い例として目立ってしまう。
情報収集・整理・活用力	専門の論文や書籍、専門誌や一般の新聞を読むことは欠かせない。また、テレビやインターネットの新しい情報も収集する必要がある。 そして、それらを教育（授業など）に活用できる教員でなければ、事例も古くなり、説明も学生に伝わりにくいものになってしまう。
人材育成力	社会でどんな人材が必要かを理解し、教育をやりたいという熱意を持っているか、人材育成に時間を忘れて打ち込むことができなければ教育者にはなれない。
教育技術力	話すスピード、内容、板書技術、パワーポイントやビデオなどを活用し、学生に伝わるプレゼンテーションができないといけない、ファシリテーションやカウンセリングの力も求められる。
ITリテラシー	情報機器の進化が絶え間なく進み、教育に使用できるアプリもたくさん生まれている。これからの教員は、これらを使いこなせる必要がある。

図表7-6　実務家教員に見られる10のコンピテンシー（安定して発揮できる能力）
　　　　［出典：ジョイワークス（2021）］

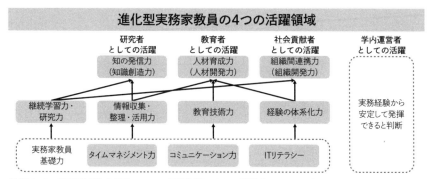

図表７-７　進化型実務家教員の４つの活躍領域にあわせ構造化したコンピテンシー
［出典：名古屋市立大学「進化型実務家教員養成プログラム」ワークショップ　実務領域
診断カルテ開発の中間報告Joyworks資料（2020年10月21日）］

③適性〈姿勢・態度・性格〉

　どういう姿勢で、どういう態度で、どういう性格の人が向いているかを
「適性」としてくくった場合、以下の10項目に整理できる。

外向性	専門領域に限らず広い分野に関心と理解がある。明るく、積極的で、社交性が高い。
誠実性	責任感が強く勤勉で真摯。人材の育成に対しての強い情熱がある。
調和性	社会人としての良識があり協調的な行動をとる。思いやりがあり、やさしい。
自律性	時間の管理や仕事の進め方が適切。自己規律ときちんとしたスケジュール管理。
倫理性	研究倫理、教育倫理に限らず社会人としての高い倫理性。他人から信頼される。
利他性	他者との協働を楽しめる。献身的な行動ができる。
持続性	困難があっても、それらに屈せず努力し続ける。
柔軟性	自分の経験や固定観念にこだわらず、必要に応じて考え方や行動を変えられる。
楽観性	新しい局面や新しい機会に楽しんで取り組む傾向。
開放性	新しい学習や知的、美的、文化的な新しい経験を受け入れる開放的な傾向。

3.2　経験のアウトプットに基づくコンピテンシー評価法[9]

　第1回実務家教員ロールモデル調査となった現役実務家教員は、クリティカルな状況の中での実務経験を語る際に、実務での成果をプロセスだけでなく、成果の影響度や意味、成果を上げるための重要成功要因などを構造的に語ることができるという共通項があった。これは、知的熟達を第三者に理解できるように、体験したことを意味づけし、価値ある情報に転換できることを意味している。それが学術基盤の教員と異なる実務家教員としての魅力でもある。

　TEEPでは、実務家教員を目指し学修を進める実務家の方々が、経験を振り返り、知的熟達度を表現でき、しかも高等教育機関などで機能する知として意味づけし直すことができる論理と方法を以下のように構築している。

3.2.1　経験を評価する論理

　大学生という未経験者に実務知を学ばせるためには、まず、自らの経験したことを具体的にアウトプットできなくてはならない。だからこそ、TEEPでは実務家の「発揮能力」を重視している。

　図表7-8をご覧いただきたい。重視するインプットとは、仕事などの経験を通じて蓄積した知識やスキル、知見や体験、見いだした教訓を含んだものだ。そして、思考とは、経験の意味づけ、教訓とエピソードの構造化、複数の教訓を踏まえた理論化などができることを指す。

　アウトプットがうまくできない理由は2つある。第1は、仕事経験を通じ蓄積した知識やスキル、知見や体験、見いだした教訓などのインプットがあるのに、意味づけ、構造化・理論化ができないからであり、第2は、当該領域の仕事経験がそもそも不足していてインプット自体がないからである。第1については、実務家教員への教育過程で、仕事経験の記述内容の判定結果をフィードバックし、体験を価値ある情報に転換するトレーニングが欠かせない。第2については、不足するインプットを増やすことが求められる。自ら学び直し体験することが難しい項目については、その理解を深め、世の中の知見を学び、シミュレーションを繰り返すことを期待する。

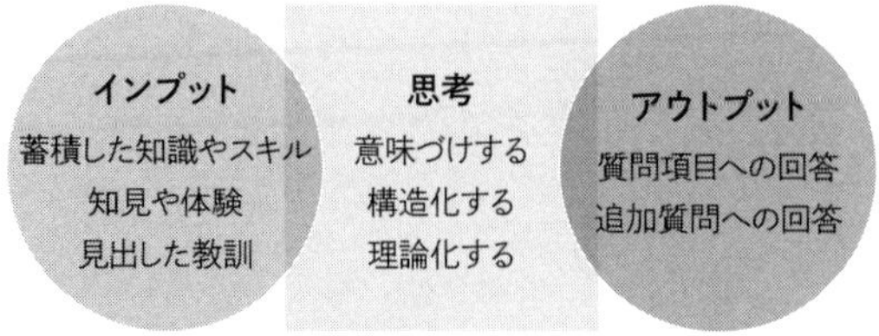

図表 7 - 8　発揮能力を考えるインプット・思考・アウトプットの構図
　　　　　［出典：ジョイワークス（2021）］

　このような考えを基本に置き、TEEP では、以下で述べるように、2 段階で実務家のアウトプットの状況を確認できる状態を整えている。

3.2.2　実務を通じて体得した専門能力

　第 1 段階は、実務家教員になるための履歴を紹介していただくシート「実務を通じて体得した専門能力」である。知的熟達度を形式知化する特別なワークシートを用意し、内容は「知識」パートと「経験」パートに分かれる（図表 7 - 9）。変化のあったときに更新していくように運用する。
　知識パートでは、執筆の実績、加入学会、非常勤講師の実績、講演・研修講師の実績、対応できる科目名などを具体的に履歴として記入する。経験パートでは、実務経験のうち顕著な成果を上げ、成果に対する自身の役割と貢献、置かれていた環境と課題認識、成果の社会的意義、成果創出での苦労、活用したモデルや理論に分けて体系化する。
　このワークシートを活用し、①実務家教員にふさわしい知識や実績があるか否か、②経験を意味づけし、経験の体系化ができるか否か、③現時点で対応できる科目があるか否か、を確認できる効果が期待できる。

知識		
執筆の実績	論文	
	書籍	
	レポート	知識に関しては履歴として記入する
加入している学会名		
学会での口頭発表		
非常勤講師の実績		
講演・研修講師の実績		

経験		
主な業務履歴		
業務における顕著な成果		
成果に対する自分の役割と貢献		
置かれていた環境と課題認識	「経験」の「主な業務履歴」は履歴として記入し、それ以外は面接で質問する	
顕著な成果の社会的な意義		
成果創出で苦労したこと		
活用したモデルや理論または振り返って分かったモデルや理論		

対応できる科目名

図表7-9　知識と経験の記載例（イメージ図）［出典：ジョイワークス（2021）］

3.2.3　安定して発揮できる能力を判定するアンケート

　実務領域診断カルテにおいて重要な知的熟達度を測るためのアンケートを開発した。自らの経験を振り返り、意味づけして答えることが求められるように、3.1で紹介した「安定して発揮できる能力」10項目と「適性〈姿勢・態度・性格〉」10項目をクロスさせ、アンケートの質問を生成した。両項目をクロスさせると、理論的に100項目のアンケートが生成されることになるため、以下のプロセスを経て30項目になるように絞り込んだ。図表7-10は、質問例である。

No	質問	記入欄
1	専門性を維持向上するために、効果的・継続的に情報収集し、活用するために工夫していることはありますか、その活動をどれくらい続けていますか。	
2	専門領域に関係する周辺地域で継続的に探索したり、学習していることはありますか、その活動をどれくらい続けていますか。	
3	教育者として特に大切だと考えているものは何ですか、そう思った理由は何ですか。	
4	自らの専門性を維持・向上するために習慣としていることはありますか、その習慣はどれくらい続けていますか。	
5	自分自身の予定を管理し、その予定や計画を遵守するために工夫していることは何ですか。	
6	仕事の関係者とのコミュニケーションにおいて、心がけて、実際に行っていることは何ですか。	
7	人との交流（かしこまった会議や研究会、あるいはフランクな会話や情報交換）によって最近新たに入手した価値ある情報や考え方はありますか。	

図表7-10　実務領域診断に関するアンケート質問項目（一部抜粋）［出典：ジョイワークス（2021）］

　　①「安定して発揮できる能力」と「適性〈姿勢・態度・性格〉」の親和
　　　性のある項目をプロットする。

②実務家教員の模範行動を抽出し、その行動がマトリックスのどこに位置づけられるかを判定して、プロットする。

③プロットしたものを相対評価して、重要な30項目を選定した。

3.2.4　コンピテンシーの判定方法

判定方法は、図表7-11にあるように、すべての質問項目に4つの判定基準が用意されている。そして、複数の判定者が判定基準に基づいて点数化し、判定者間で違いが生じた場合は、違いの原因を特定し、協議の上で点数を確定する。各質問4点満点で、実務家教員候補者は2以上であることが望ましい水準と想定している。質問項目は、10のコンピテンシーに関連づけられているため、30の質問の判定結果は、図表7-11の下の部分のように、コンピテンシーごとの点数となって表れる。

発揮能力判定基準	判定	判定方法
☑自らの専門性を高めることへの意志が確認できる記述となっている □専門性維持のための効果性を確認できる記述になっているか ☑専門性維持のために工夫していることが確認できる記述がある □倫理やコンプライアンスに違反するような記述になっていない	1.5	☑印は、記述内容と発揮能力判定基準が合致している→1点 ☑印は、記述内容に発揮能力判定基準の一部が含まれる→0.5点 □（チェックなし）は記述内容に発揮能力判定基準に合致した内容がない→0点 ※以上の合計ポイントが「判定」となる
☑自分の本来の専門性に関係し、その専門性を活かすテーマになっている ☑関心の度合いを確認できる記述になっている ☑情報収集のやり方に熱意と工夫が見られる ☑頻度・期間など継続性が確認できる記述になっているか	2	
☑相手の立場に立っていることが確認できる記述になっている ☑時代や環境の変化を意識していることが確認できる記述になっている □倫理性にも合致した内容が記述されている □実際に実践していることが確認できる記述になっている	2	

知の発信力	人材育成力	組織間連携力	研究力・継続学習力	情報収集・整理・活用力	教育技術力	経験の体系化力	タイムマネジメント力	コミュニケーション力	ITリテラシー力
0.00	0.00	0.00	0.00	0.00	0.00	0.00	0.00	0.00	0.00

図表 7 -11　判定方法の例［出典：ジョイワークス（2021）］

3.3　追加調査でコンピテンシーの妥当性があることを確認[10]

　TEEPでは、養成課程にある実務家が、理想とする実務家教員像を具体的に描くことができる情報、すなわちキャリア形成を行うための参考情報を収集する目的から、追加調査として第２回実務家教員ロールモデル調査を行った。併せて、「実務家教員は、実務家時代に『価値ある体験を有し』『自らの経験を意味づけする能力が高い』という仮説」を検証した。もしこの仮説が正しければ、10のコンピテンシーが獲得できているはずであり、実務家教員を目指すTEEP受講生との間にある差がはっきりするだろう。

　調査対象は第１回目とは異なる現役実務家教員とするため、2019年度調査に協力いただいた現役実務家教員の方に、彼らから見て優れていると考える現役実務家教員を推薦いただいた。本調査では、調査の負担感を減らすために、TEEP受講生が行う「実務領域診断カルテ」の30の質問を重要質問項目の選定と質問の統合を行い、10のコンピテンシーに関連付けた15の質問項目に集約した。次に、これを推薦いただいた計15名の実務家教員に質問紙を送付し、回答を得た。そして、判定は3.2.4の図表 7 -11に例示した「発揮能力判定基準」の方式を使い、 3 名の評価者の合議で判定した。各質問４点満点であり、判定数値の「3.5〜4 を期待回答」「 3 を準期待回答」「 3 以上の合計を有意義回答」とした。

　図表 7 -12は、第２回実務家教員ロールモデル調査（15名対象）の結果と基本コース 1 期生（10名対象）のコンピテンシー獲得状況を総合得点で比較したものである。実務家教員ロールモデルは、期待回答が約37％、準期待回答が約32％で有意義回答率は実に69％超である。対して、基本コース 1 期生の第１回の有意義回答率はわずか1.5％と低水準である。しかし、基本コースで所定の研修を修了し、併せて次節 4 で紹介する「実務領域診断カルテ」が定めるワークを終えることで、第２回の有意義回答率は約22％ま

で高まったことが分かる。表には載せていないが、専門コースを終えた受講
生の第3回の有意義回答はさらに高くなり、中にはロールモデルと同水準に
達した修了生もいた。

　以上より、第1に、基本コースの参加者は、TEEPで学習することで有意
義回答率を高めたこと、第2に、しかし、実務家教員のロールモデル対象者
との圧倒的な乖離があることが分かる。実務領域診断カルテに基づくコンピ
テンシー調査結果の推移は、TEEP受講生は履修終了後も継続して、コンピ
テンシーの向上に努めることが必要であることを意味している。

項目	実務家教員 ロールモデル	基本コース参加者	
		1回目	2回目
期待回答比率	36.9%	0.7%	11.6%
準期待回答比率	32.4%	0.7%	9.7%
有意義回答率	69.3%	1.5%	21.9%
一般回答比率	30.7%	98.5%	78.7%
計	100.0%	100.0%	100.0%

図表7-12　実務家ロールモデルとTEEP受講生の有意義回答率［出典：ジョイワークス（2022）］

　第2回実務家教員ロールモデル調査で特に有意義回答率の高かった質問項
目の6つを取り上げると図表7-13の通りである。

　これらの有意義回答をコンピテンシーとの関係での構造図にプロットした
ものが図表7-14である。太枠で囲ったコンピテンシーについて発揮能力が
顕著に高く、考察を加えれば「人材育成力（人材開発力）」「組織間連携力
（組織開発力）」「コミュニケーション力」に優れ、それらを「継続学習力・
研究力」「情報収集・整理・活用力」「経験の体系化力」が支えていると理解
してよいだろう。他方で、比率の水準は決して低くはないものの、相対的に
低く現れているのが「知の発信力（知識創造力）」「教育技術力」「ITリテラ
シー」「タイムマネジメント力」の4つである。これらはより意識して研鑽
を積むコンピテンシーであると言えるだろう。

質問項目	有意義回答率
組織活動やプロジェクト活動などの実務を通じて見いだした教訓で、特に大切にしていたものは何ですか。	93.3%
人材を育成する上で、対象となる相手が育つために大切にしていたことは何ですか。実際に部下が成長した体験や相手に提供した機会などがありましたら教えてください。	93.3%
仕事の関係者とのコミュニケーションで心がけて、実際に行っていたことは何ですか。また、組織活動やプロジェクト活動をする上で大切にしていたことは何でしょうか。	86.7%
自らの専門性を維持・向上するために習慣としていたことはありますか。自らの能力向上やノウハウの蓄積をするために行っていたことや継続的に情報収集していたことがありましたら教えてください。	86.7%
人との交流（かしこまった会議や研究会、あるいはフランクな会話や情報交換）によって、価値ある情報や考え方を入手した経験がありましたら教えてください。	80.0%
自らの経験や知見を高めていく方法として積極的に取り組んでいたことは何ですか。また、蓄積したノウハウや知見を活用するためにどのような形で残していましたか。	80.0%

図表7-13　第2回実務家教員ロールモデル調査に見る高有意義回答率の質問項目
　　　　　[出典：ジョイワークス（2022）（引用に当たり一部表現形式変更）]

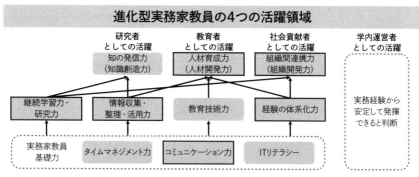

図表7-14　高有意義回答に見る「顕著に高い発揮能力」[出典：ジョイワークス（2022）]

4. 実務家教員の能力開発ポートフォリオ「実務領域診断カルテ」

　TEEPでは、まず、実務家が自らの経験したことを形式知としてアウト

プットする「発揮能力」を重視している。そして、実務家教員として、教育と社会課題に立ちはだかる 2 種類の段差を乗り越えるためには、発揮能力を学生の成長に貢献できるよう変換する必要があり、また、理想とする実務家教員として活躍するために不足するインプットを蓄積する努力が欠かせない。本節では、前節までに解説を加えた「安定して発揮できる能力（コンピテンシー）」を活用し、TEEP で導入している実務家が実務家教員に向けて能力開発するステップとメソッドの概要、すなわち「実務領域診断カルテ」を紹介する。一連の作業と結果は、実務家教員の能力開発に向けた変化の記録（ポートフォリオ）として蓄積されるように設計されている。

4.1　学修プロセスと実務領域診断カルテの役割

　TEEP では、図表 7 -15 にあるように、研修期間内に受講開始前、基本コース修了時点、専門コース修了時点の計 3 回の「実務領域診断カルテ」による発揮能力の点検を同じ質問項目で行っている。第 1 回目の実務領域診断カルテでは、3.2.1 の図表 7 - 8 のアウトプット力の状態を診断する。この段階では、大学生を教える経験がないか、あっても浅い経験の実務家は、分かりやすいアウトプットのための思考の難しさに直面することがほとんどである。

　その後の基本コースでは、①大学人基礎力養成で、基礎理論の学びに加えて学部生や大学院生に対して行う教育指導や研究指導を通じて、実務家教員としての自覚やポジショニングを理解する。②ソーシャルデザイン力養成では、SDGs やデータサイエンスなどの領域を学び、実務家の仕事経験をとらえ直し、再定義する。③多職種連携 PBL 演習（基本コース）では、環境分析、参加者分析を踏まえ、PBL 演習のコンセプトと目的を明確化し、外部の人的資源の活用や教材開発を含んだ授業のプロセスデザインを行う。③の一連の作業は、特に仕事の経験の体系化、組織開発などに関する思考力を高めると同時に、ワークショップ手法、ファシリテーション手法などの実務家にとり新しい教育技術力の修得機会となる。

　第 2 回目の実務領域診断カルテでは、第 1 回と同じ質問項目に回答する。総じて回答の質は大幅に高まっている。その理由は、まず、1 回目の筆者（鵜飼）からのフィードバックで、学生は実務家の経験からどのようなこと

を学びたいかを、30の質問ごとに構造化して伝えていること、次に、指導者としての基礎知識を知り、教育現場を体験する中から、学生が実務知を理解しやすいようにアウトプットする思考力を高めていること、などが影響している様子がカウンセリングを通じて分かっている。

　基本コース修了生から専門コースに進む実務家は、基本コースとは異なる④多職種連携PBL演習（専門コース）にて、外部人材をアドバイザーとして活用し、専門分野も学年も、時には大学も異なる多様な学生を支援しながら、社会課題解決に向けたPBL演習を実践する。同時に、⑤大学院博士前期課程の専門科目に科目等履修生として参加し、大学院レベルの教育と研究について体験的に学修する。専門コースでの学修は、実務家にとり、実務家としての研究とは何かを考え、基礎理論との関係で自分の専門領域は何かを問い直す機会になっている。コンピテンシーのうち、継続学習力・研究力、情報収集・整理・活用力、経験の体系化力を強化するきっかけを与えていることが、カウンセリングを通じて分かっている。

　そして、専門コースの終了時点で、第3回目の実務領域診断カルテに回答する。3回目には、3.3でも述べたようにロールモデルの有意義回答水準に近づいている。仕事経験を通じて培ったことを、コンピテンシーを意識することで、実務経験をプロセスだけでなく、成果の影響度や意味、成果をあげ

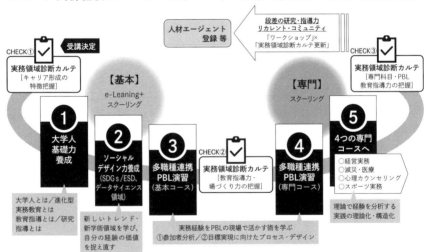

図表7-15　進化型実務家教員養成プログラムの学修プロセス［出典：筆者（鵜飼）作成］

るための重要成功要因などを構造的に語ることができるようになっている。

4.2　実務家教員「コンピテンシー確認シート」

　実務領域診断カルテのフィードバックでは、図表 7 -16 のようなシートを活用したカウンセリングを実施する。その際、3.2.4 の図表 7 -11 で例示したように、30 の設問ごとに 4 つの発揮能力判定基準があることを示し、 1 つ

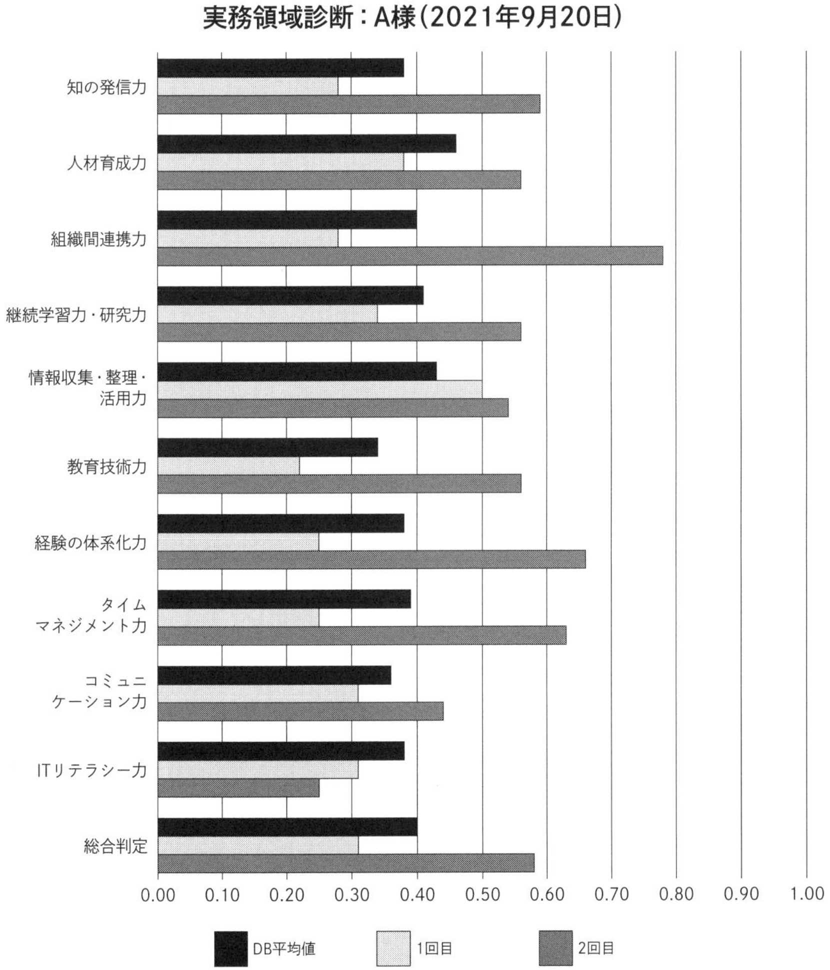

実務領域診断：A様（2021年9月20日）

図表 7 -16　実務領域診断カルテのフィードバック・シートの例［出典：筆者（鵜飼）作成］

の間でどこまでの範囲（幅）と深さを考えるのかを意識づける。併せて、3.1.3（2）の図表 7 - 6 で紹介したコンピテンシーごとに、期待行動を 4 段階で伝え（「〜しなければならない」「〜必要がある」「〜求められる」「〜期待される」）、その後の行動変容を促す指針としている。

4.3　経験を体系化する「マルチサイクル・デザイン」

　第 1 回目の実務領域診断カルテを終えた後、約 1 カ月の間に、仕事経験を振り返る時間を用意している。これは、3.2.1 で示した図表 7 - 8 の「イン

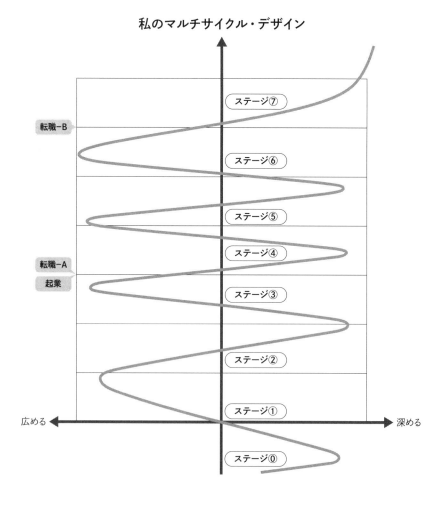

私のマルチサイクル・デザイン

ステージ	役割	社会的役割	学習行動	その他
⑦ 54歳〜			因子分析から見 えてきた学習行 動の4タイプ (豊田 2019)	●影響を受けた人との 　出会い ●仕事のやり方の自己 　決定性 ●仕事のレベル 　等
⑥ 48歳〜			タイプ① 学校型学習	
⑤ 40歳〜			タイプ② 対人型学習	
④ 36歳〜			タイプ③ 内省型学習	
③ 31歳〜	参考『計画された偶発性理論』 　　by スタンフォード大学 John D. Krumboltz他 「キャリアの8割が予期しない出来事や偶然の出会 いによって決定される」と考える。その予期しな い出来事をただ待つだけでなく、自ら創り出せる ように積極的に行動したり、周囲の出来事に神経 を研ぎ澄ませたりして、偶然を意図的・計画的に ステップアップへと変えていくべきだという。 【実践するための5つの行動指針】 　1．好奇心　2．持続性　3．楽観性 　4．柔軟性　5．冒険心		タイプ④ 経験型学習	
② 28歳〜				
① 26歳〜				
⓪ 23歳〜				

図表7-17　マルチサイクル・デザインの記載例［出典：筆者（鵜飼）作成］
　　　　　（参考資料：「マルチサイクル・デザインの時代がやってくる」豊田義博、『Works Review
　　　　　「働く」の論点2019』リクルートワークス研究所）

プット」、すなわち、「蓄積した知識やスキル、知見や体験、見いだした教訓」
などを、振り返りつつ再確認し、同時に形式知化するためである。自分のこ
とを意外と分かっていないことが多いため、インプットを意識できていない
実務家が多いからだ。TEEPでは、入職から現在まで、どのような経験を積
んできたかを振り返る。

　リクルート・ワークス研究所刊の「マルチサイクル・デザイン」ワーク
シートを使って「これまで経験していないことに取り組み、自身の幅を広げ
る」体験と「ある分野やテーマなどを自身の専門性を深める」体験を、入職
から現在まで曲線を描き、変化を見える化する。その際、自身に訪れた転機
などをきっかけとしたステージに分け、そのステージごとに自身の経験を
「仕事上の役割」「社会的役割」「学習行動」「その他（影響を受けた人、仕事
の自律性など）」に分けて具体的に言葉にし、表としてまとめていく。この

作業を通じ、自分の専門性と体験、言い換えれば、「何を知っていて、何ができるか」そして「どんな体験をしてきたか」を自覚できるようになる。図表 7 -17はマルチサイクル・デザインの曲線パートの筆者（鵜飼）の例である。

4.4　実務家教員に向けた経験を積むデザイン「キャリア開発シート」

　TEEPでは、「マルチサイクル・デザイン」で経験を体系化した次に、およそ 1 カ月かけて「キャリア開発シート」を作成する。キャリア開発シートは、図表 7 -18の概念で組み立てられている。出発点は、図表中のB「理想とする姿」のビジョン化である。TEEPでは、現役の実務家教員ロールモデルを紹介するニューズレターを発行している[11]。ビジョン化は理想とするロールモデルを描くことであり、受講生はニューズレターを参考にしつつ複数のロールモデルを分析し、要素を抽出して、受講生なりのロールモデルを描く。それを踏まえ、実務家教員として「達成したい成果」は何かを質・量ともに定量的に描く。次に、その成果を達成するためには「いかなるパフォーマンスを実現」できていなければならないかを、最適化された行動となっているかに注意して定める。さらに、そのパフォーマンス実現のために必要になる知識やスキルは何か、を描き、現在の状況を分析し、理想に近づくためのキャリア開発プランを作成する。キャリア開発シート作成は、実務家教員として「何を知っていて、何ができるか」を棚卸しすることでもある。

　カウンセリングのセッションを通じ、ロールモデル、達成したい成果、パフォーマンス、必要な知識やスキルの見直し方針をはっきりさせ、専門コースに進む修了生については、アップデート版のキャリア開発シートを作成し、カウンセリング・セッションを行う。受講生は、キャリア開発シート作成とキャリア開発に関する 2 度のカウンセリングを通じて、2.3の図表 7 - 3の「B」三角形の新規領域をより具体的に意識できるようになり、「知らないことを知っている（知識ギャップ）」や「知っていることを知らない（暗黙知）」ことを自覚し[12]、知識獲得と経験の積み重ねに向けて確実に行動が変化している様子がうかがえる。

　基本コースのキャリア開発シートのカウンセリング・セッション後に第 2

回目の実務領域診断カルテが、専門コースの同セッション後に第 3 回目の実務領域診断カルテがある。判定結果は、着実に安定して発揮できる能力（コンピテンシー）が高まっていることが確認され、思考を踏まえてインプットを形式知化する能力が強化されていることを示している。

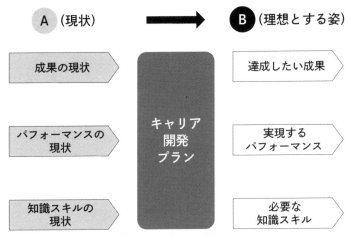

図表 7-18　キャリア開発シートの構成 ［出典：筆者（鵜飼）作成］

5．結びにかえて

　本書が出版される 2023 年度は、進化型実務家教員養成プログラムの第 3 期に当たる。幸いなことに、第 1 期より意欲的な実務家に受講いただき、実務家受講生は学修プロセスに沿って学びを深め、同時に、実務経験を振り返り、個々の特色を活かしたキャリア開発をデザインすることを繰り返してきた。そのような実務家に支えられ、TEEP という「共育」の環境があって、大学側も実務家を支援する方法論を進化させてきたと言っても過言ではない。

　1 期生より実務家教員の正規教員が誕生し、また、非常勤講師を担う実務家のリカレントの機会ともなってきた。実務家教員の可能性を発信するため、2023 年度より名古屋市立大学では実務家教員が担う特徴の異なる 2 種類の授業を新設した。教養特色科目「キャリアデザイン実践編（対象学年：1 年生）」と経済学部応用展開科目「共同講座（対象学年：2 年生以上）」で

ある。前者は、実務家一人が 3 回の授業を担当するオムニバス形式であり、1 年生がキャリアをデザインする際の実務家ロールモデルになることをねらっている。受講する大学生は、実務家教員 5 名の「マルチサイクル・デザイン」「一皮むけた経験」「キャリア開発」を学び、自分たちの経験の振り返りとキャリア開発シートを作成する。後者は、産学官連携による PBL 型授業であり、リアルな地域課題を、企業の若手社員、行政の若手職員、大学生が協働して学び、問題を掘り下げ、課題設定し、対策を立案し、現場で検証を行うものだ。TEEP 修了生が共育プロデューサーとなって本講座を企画し、担当教員とともに運用する。

　TEEP のコンテンツが、高等教育機関にとどまらず、実業界にも通用する要素が多く含まれていることが再確認できた。多くの TEEP 受講生より、バイプロダクト（副次的結果）として、職場での人材育成などへ正の効果があったことを実感しているとの声が聞かれた。例えば、部署内の会議の進め方が変わり意見が出やすくなった、部下が主体的に学ぶようになった、取引先とのミーティングをワークショップ様式に変更したら出される意見が多様になった、などである。

　以上のような成果に結びついた実務領域診断カルテは、支援者であり判定者である大学側スタッフ（教員、コーディネーターなど）の存在なくして効果を発揮しない。TEEP では、筆者らが判定者研修を行い、実務家教員の応援者を育成する取り組みも始めている。時代の変化に即した共同教育が実施されるためにも実務家教員の存在は欠かせず、その養成はますます重要になる。関心を持たれた読者は、筆者までご連絡いただきたい。

注

1）TEEP ニューズレター Vol.13 を再編集。詳細は TEEP のホームページで確認できる。https://teep-consortium.jp/media/TEEP_vol_13.pdf（2023 年 5 月 14 日閲覧）

2）特定非営利活動法人起業支援ネットは名古屋市に本部を置く非営利組織。詳細は同団体ホームページにて確認できる。https://npo-kigyo.net/（2023 年 5 月 14 日閲覧）

3）講義科目「バーチャルカンパニー」は、特定非営利活動法人アントレプレナーシップ開発センターが提供する「バーチャルカンパニー・プログラム（現名称：Youth Enterprise）」を活用したもの。詳細は同団体ホームページにて確認できる。https://entreplanet.org/（2023 年 5 月 14 日閲覧）

4）2019年度名古屋市立大学委託調査「『進化型実務家教員養成プログラム』における実務領域診断カルテ開発に向けた基礎調査報告書」（株式会社ジョイワークス、2020年3月27日）より一部改編し引用。

5）4）に同じ。

6）「大学設置基準」の該当箇所は文部科学省ホームページ『大学の教員組織に関する関係条文等』より引用した。https://www.mext.go.jp/b_menu/shingi/chukyo/chukyo4/houkoku/attach/1343036.htm　（2023年5月8日閲覧）

7）「職業能力評価基準」は厚生労働省のホームページに詳しい。https://www.mhlw.go.jp/stf/seisakunitsuite/bunya/koyou_roudou/jinzaikaihatsu/ability_skill/syokunou/index.html（2023年5月14日閲覧）

8）2020年度名古屋市立大学委託調査「『進化型実務家教員養成プログラム』における実務領域診断カルテ開発実施報告書」（株式会社ジョイワークス、2021年3月25日）より一部改変し引用。

9）8）に同じ。

10）2021年度名古屋市立大学委託調査「『進化型実務家教員養成プログラム』実務家教員ロールモデル調査の結果報告」（株式会社ジョイワークス、2022年3月16日）を参考に作成。

11）TEEPホームページの『NEWS LETTER』セクションを参照。https://teep-consortium.jp/newsletter/（2023年5月14日閲覧）

12）村上悟著『不確実な時代に勝ち残る、ものづくりの強化書』（クロスメディア・パブリッシング、2020年3月）の論考を参考にした。

参考文献

ジョイワークス（2020）『「進化型実務家教員養成プログラム」における実務領域診断カルテ開発に向けた基礎調査報告書』2019年度名古屋市立大学委託調査報告書

ジョイワークス（2021）「『進化型実務家教員養成プログラム』における実務領域診断カルテ開発実施報告書」2020年度名古屋市立大学委託調査報告書

ジョイワークス（2022）「『進化型実務家教員養成プログラム』実務家教員ロールモデル調査の結果報告」2021年度名古屋市立大学委託調査報告書

松野弘（2019）『講座 社会人教授入門 ── 方法と戦略』ミネルヴァ書房

村上悟（2020）『不確実な時代に勝ち残る、ものづくりの強化書』クロスメディア・パブリッシング

中原淳（2019）「大学教育と職業生活 広がる『段差』実践で是正」『日本経済新聞』2019年9月23日朝刊

第8章

実務家教員のリフレクション

1. はじめに

1.1 産業界出身の実務家と大学のギャップ

　大学に実務家教員が入ったとして、産業界と大学の世界を比べた場合、実務家教員の視点からは、次のように感じることがあるかもしれない。「研究者は、大学以外で働いたことがなく世間知らずである」「研究者は、社会経験が乏しく、挨拶やマナーなどの礼儀を知らず、また、企業の人の前で、空気を読まない変な発言をする」。他方、大学出身の研究者からすると、実務家教員に対して「大学のことを知らず、教育も研究もできない人である」「産業界や企業では偉かった、活躍できたかもしれないが、大学ではそうはいかないだろう」という反論も考えられる。直接発言するか心の中で思うか、心配してサポートするかは別として、異なる立場、異なる経験であるが故に、双方が歩み寄らない限り、このような対立構造が生まれる可能性がある。筆者の私見ではあるが、産業界から大学の世界で教員になった当初に感じた3点について言及する。

（1）誰が上司なのか分からない

　民間企業で働く場合は、自らの上司が明確であることが多い。上司が評価者であり、指揮命令系統が明確である。一方、大学教授の場合は、学部長や学長は上司に該当するが、事細かな指示や評価が明示されることは少ない。教員同士は先生と呼び合い、当然先輩の教員には敬意は払うが、対等な関係性である。また、委員会活動などに従事する場合も同様である。学会に所属し活動する場合は、学会の構成員と一緒に活動することになり、上下関係が生じるわけではない。産業界では、部長・課長などの役職が明確に定められ、上司部下の関係が分かりやすいが、大学の世界では異なる。

（2）誰と仕事をすれば良いのか分からない

　大学では、担当講義科目が定められ、学内の活動の割り当てが存在し（委員会に所属、入試のサポート、広報のサポートなど）、研究費などが割り当てられて、上記以外の時間の中で研究活動を推進する。民間企業では、業務領域が定められることが多く、業務ごとに報告連絡相談の機会などが存在するが、大学では自由度が高い。例えば、教育の観点では、授業を実施する場合は、事前にシラバスの提出や、途中での学生アンケート、改善に向けた取り組みを自主的に行うことになるが、第三者との協議は少ない。また研究に関しては、各自の研究領域は各自で定めることから、どのような研究を誰とやるかは個人に委ねられる。さらに、学会は個人の意思で選択し、外部との活動も個人によって異なる。さまざまなステークホルダーと一緒に仕事をすることになる。誰と仕事を一緒にするのか、自分次第である。

（3）どのように評価されるのか分からない

　評価内容や評価方法も相違点がある。企業における評価とは異なる。大学によっては、教育・研究・社会貢献によってそれぞれに点数化されて毎年の実績を記載して、昇進やボーナスに紐づけられることもある。教授や准教授などへの昇格要件として研究実績や教育実績、社会貢献実績の基準が定められる場合もある。学内での活動に加え、学会活動や、大学外の審査員・協議員などを担うことも多くある。外部の活動そのものも大学内の評価とされ、さらに転職してほかの大学に移籍する際には、研究活動を中心に、教育実績や社会貢献の実績などが評価される。

　上記以外にも想定されるだろうが、一般的に産業界と大学では、何らかの違いが存在し、大小さまざまな違和感を感じることがあるだろう。

1.2　大学で働くためのステップ

　実際に大学で勤務する場合、一般的には選考を通過することが必要となる。実務経験を一定程度有することを前提とし、大学の公募に基づいて応募し、面接に進み、面接の結果、採用された場合は定められた期日から勤務を開始する。

　文部科学省は、新設大学設置などの際に、教員審査の書類として「教育上

の能力」「職務上の実績」「研究業績等に関する事項」の３つの観点を提示する。そのうち「教育上の能力に関する事項」は、以下の５つの項目で記載する。①教育方法の実践例、②作成した教科書、教材、③教育上の能力に関する大学等の評価、④実務の経験を有する者についての特記事項、⑤その他。次に、「職務上の実績に関する事項」は、以下の４つの項目で記載する。①資格、免許、②特許等、③実務の経験を有する者についての特記事項、④その他。最後に、「研究業績等に関する事項」は、「著書、学術論文等の名称」などを記載する。

　大学で教員を審査する際の基準や、評価は大学ごとに異なることが想定されるが、文部科学省で教員審査の基準が示され、同様の様式での提出を求める大学も多数存在する。新設の大学の場合は、教員の業績審査によって、教授、准教授などの審査や、科目の適合性の審査が存在することから、上記の基準が大学における採用時の標準的な基準と考えられる。

　大学設置基準に、教授、准教授、講師・助教に関連する業績について、実務家教員として採用する際にも一定のガイドラインが存在する。実務家教員の審査申請に当たっては、実績の具体的内容や当該職業分野の実務の実情などに応じて、総合的に判断される。大学設置基準第13条において、職階ごとに実務家教員に求められる実績の目安が以下の通り示されている。

（１）教授 担当授業科目に関連する実務
・全国的・国際的なコンペティション、表彰などで極めて優秀な成績を上げた実績
・その業界において、特に優れた新規の実践などを行い、その功績が業界全体で高く評価された実績
・その業界において、全国レベル・広域レベルの指導的な役割を果たした実績 など

（２）准教授 担当授業科目に関連する実務
・コンペティション、表彰などで優秀な成績を上げた功績
・その業界において、優れた実践などを行い、その功績が関係事業者などの間で高く評価された実績

　　　・その業界において、地域レベルの指導的な役割を果たした実績 など

（3）講師・助教 担当授業科目に関連する実務
　　　・当該科目を担当するにふさわしいと認められる実績 など
　　　・また、実務に関する実績として、例えば専攻分野に係る研修の講師、
　　　　職能団体など（全国あるいは広域）の役員の経験などについても、記
　　　　載して差し支えない。

　上記の文部科学省の教員審査基準を鑑みた場合、上記の実績を積み上げる
こと、ビジネスの実績を通して教育領域での関連性や、実務能力を通した大
学や社会への貢献が認識されることで、大学が新規採用する際に、実務家教
員が大学に貢献すると評価されることにつながる。
　一方で、応募のタイミングでは、中野（2013）によると、書類は履歴書と
研究実績書の２つが基本であるが、ビジネスパーソンの実績のみで大学教授
に転身する人はひと握りだとして、その障壁の高さに言及する。転身するた
めには、10年以上のビジネスパーソンとしての実績を必須の前提条件とし
て、①博士号の取得、②論文、特に学会誌に掲載される学術論文、③学会活
動への参加、④学会活動を通じた人脈形成の４つが、実務家から大学教員に
なるために重要である。
　大学で専任教員となり業務を開始する場合には、民間企業からの転職を意
味する。民間企業での「常識」が「非常識」となり、大学の世界では暗黙の
了解として自然に行われる慣習や文化が異なることもある。産業界での経験
が１つの組織のみだった場合などは、その企業での仕事のやり方や慣習がす
べてだと信じ込んで、ギャップに適応できないことも想定される。新たな組
織でのやり方に反発することも予測される。反発することで、受け入れる側
も違和感を持つリスクがあることに留意が必要である。大学の世界で活躍す
るためには、ギャップを受け入れ、適応し、新たな経験を踏まえて学び続け
ることが重要であろう。

2.　実務家教員

2.1　実務家教員を取り巻く環境

　少子高齢化、情報技術の飛躍的発展、テレワークや兼業・副業などの労働形態の普及による社会構造の変化によって、学校教育においては、実社会の変化を意識した人材育成が求められる環境へと変化している。初等中等教育では学習指導要領が改訂され、地域と連携した協働教育、対話的で深い学び、探究型の学習が強化され、実社会との接続を取り入れた学習が重要視されている。さらに、高等教育においては、実務家教員が一定割合以上の配置を前提とした専門職大学院や専門職大学が開設されている。

　実務家教員とは、「専攻分野におけるおおむね５年以上の実務の経験を有し、かつ高度の実務の能力を有する者」（専門職大学院設置基準５条４項）と定義される。文部科学省中央教育審議会（2017）によると、毎年1,500人から2,000人が大学で新規に大学教員として採用される。その中で、実務家教員の割合は２割から３割を占める。法科大学院は２割以上、教職大学院は４割以上、高度専門職業人の養成を担う専門職大学院は、専任教員の３割以上、特定の職業のプロフェッショナルの養成を担う専門職大学では専任教員の４割以上を、実務家教員が担うと定められる。このように実務家教員というカテゴリーにはいろいろな領域が存在する。それぞれの実務家にキャリアのストーリーがあり、経験や能力、活躍領域も多種多様である。

　実務家が大学に入って専任教員となる場合は、「実務家教員」となる。大学には、大学卒業後大学院に進み、学外での勤務経験を有さず、研究者として就職した人もいる。中には、複数の大学経験があり、産業界や行政などと一緒に仕事を進める人も存在する。また、実務家教員の中でも、シンクタンクでの勤務や調査勤務が研究業務と類似する人や、社会人として働きながら修士課程・博士課程に所属し研究を経験し、研究者と共同研究を経験する人など、さまざまな背景があり、多様な人たちが混在する。

　一方、日本の大学教員のキャリア形成に関連した研究は、実務家教員に限定せず十分な蓄積がない。例えば、石井（2010）は、個別大学の事例ではあるが、約38歳、大学教員経験年数８年目で「一人前」感を獲得する調査結果を示している。一方、実務家教員の研究に関して、橋本（2021）は、実務

家教員の実態の研究はどのような属性がどの科目を担当しているかの基本情報の整理さえ進んでいない課題を指摘する。すなわち、大学での実務家教員のキャリア形成の状況や、領域ごとの実務家教員の割合や、発揮される能力についての詳細は明らかになっていない。実務家教員の新規採用数は増加傾向にある。実務家教員の大学教員としてのキャリア形成前の状況把握や、就職後のキャリア形成のステップに関する事例の蓄積や能力把握は、実務家教員が大学人として活躍するためにも有益な調査結果であり、有益な研究成果となることが期待される。

2.2　実務家教員を内省する

　reflection は「内省」「反省」「省察」「振り返り」などと訳される。日本語では主に「省察」が用いられている（柳沢 2013 ほか）。「反省」では過去への指向と批判的意味合いが強くなり、「内省」では自身の内面のみを重視する可能性があると指摘されている（柳沢 2013）。実践を行った後にその実践を対象化し、その実践における意味を考えることを reflection-on-action（行為についての省察）と呼んでいる（Schön 1984=2007）。川山（2021）は、実務家教員は、自身の実務経験を振り返り、実践の理論を構築する必要があり、実務を省察し論理を構築し、持論から実践の理論へと昇華させることで、従来の専門知と実践知の融合が図られることに言及する。

　産業界から大学へ転身する場合、環境に適応し活躍するためには、これまでの経験を「アンラーニング」し、新たな組織へ適応することが求められる。新たな組織のルールや慣習を理解し、これまでに培われてきたスキルや経験・能力を内省し、経験を抽象化し、必要に応じて引き出せる状態の構築が重要となる。新たな環境での経験、大学での実践について、経験学習のサイクルが機能することが求められる。経験学習は、Kolb（1984）は、「具体的経験のリフレクションを中心とした経験学習支援を通じて、知識が創出されるプロセス」と定義し、「具体的経験」「内省的観察」「抽象的概念化」「積極的実験」の 4 ステップから構成されるサイクルを提唱した。

　実務家教員に関するキャリア研究には、「どのように実務家教員になるのか？」「実務家教員になった後にどのように活躍していくか？」という視点が考えられる。どのように実務家教員になるかは、大学側の評価、競合応募

者によって異なり、一般化が困難であろう。そこで本稿では、実務家教員になった後のキャリアに焦点化し、筆者の経験を参考に内省する。西村（2022）は、黎明期の実務家教員に関連する実務教育学の研究方法として「実務的帰納法」を取り上げ、「実務家自らの経験から暗黙知を引き出し、一般化することで、適用可能性の高い『実務の理論』」として抽出することを目指した研究手法を提言する。その１つの手法として「自己エスノグラフィ（オートエスノグラフィ）」（佐藤 2021）は、自らの実務的経験に関する主観的な当事者研究で、ある事象の当事者としての自らの経験を対象化し、経験した事項を再起的に振り返る当事者性を有するものである。自己エスノグラフィーを用いた研究は、人材育成に関わる研究で得られた知見を実践に応用する観点で有益である（伊藤 2015）。

3.　実務家教員による自己省察

3.1　自己を省察

　筆者自らのキャリアとして、産業界から大学の世界に入った実務家教員が、大学の世界に越境し、適応したプロセスについて、自己省察をする。

3.1.1　大学での経験

　筆者は、大学時代には、内定者が就職活動生を支援する「就活サポーター」の代表を務めた。当該団体の活動は総長顕彰を受賞した。大学卒業後は、大手銀行で法人営業（融資など）を７年程度経験した。リクルーターのリーダーとして採用プロジェクトに関与した経験も有する。その後、地元へのＵターン転職をした。大手自動車メーカー系列の不動産企業で、マーケティング、経営企画・新規事業開発などの業務に４年程度従事した。また、仕事以外の時間でパラレルキャリア活動として、大学生と社会人が集まる対話の場でのキャリア支援活動を経験した。2013年から経営系の社会人大学院へ働きながら通学し、2015年３月に修士（専門職）を取得した。その後、縁があり大学教員に転職・就職した。2016年１月から2019年３月までは、地方国立大学（岐阜大学）に所属し、学部横断で取得可能なインターンシップを中心としたリーダー育成プログラムの設立と運営を担った。その後、

2019 年 4 月からは、小規模私立大学（名古屋産業大学）の経営系の学部に所属し、インターンシップと経営学・キャリア教育を中心として教育活動を担った。大学の世界に入った後、研究活動を開始し、2021 年 3 月に、博士（工学）を取得した。以下では、教育領域、研究領域、大学の実務の観点からそれぞれの大学でのキャリアを振り返る。

3.1.2　2016 年 1 月から 2019 年 3 月の約 3 年間：岐阜大学地域協学センター

（1）教育領域

　実務家時代には、市民活動を通して学生などの若者と一緒に対話をする機会や学び合う経験は有していたが、大学で講義を行う経験はなかった。大学に入ったのちは、インターンシップ、地域企業と連携した PBL プログラムの開発と実践、経営学（企業分析・マーケティング・観光）やキャリア教育に関係する講義を経験した。特に経営学やキャリア教育に関する講義では、他学部のベテラン教員と一緒にフィールドワークやアクティブラーニングの手法を活用した。また、ルーブリックの作成などの評価方法を修得する経験をした。

（2）研究領域

　実務家時代には、論文執筆や書籍の執筆などの調査研究を行う経験はなかった。大学では、実践活動の成果を可視化することを目的とし、教育プログラムの効果分析や、事業評価を行った。当初、研究作法については理解が乏しかったが、教育活動を一緒に行うベテラン教員に質問する機会や教わる機会があり、調査研究方法を修得することができた。紀要への投稿や学会発表・全国学会誌などへの投稿を経験した。

（3）大学実務

　学外の産業界との連携を目指し、企業や自治体などの外部機関との調整や協議、交渉を行った。産業界と連携した体系的で実践的な教育プログラムを構築するために、地域の金融機関や行政などとの連携協定の締結や包括的な連携体制の整備も行った。上記の実践活動は、大学内のルールに適応するこ

とを除き、今までの実務経験で得られた能力やスキルを活かして行った。

3.1.3　2019年4月から2023年3月の約4年間：名古屋産業大学現代ビ ジネス学部

（1）教育領域

　3年間の実践経験を踏まえて、独力でシラバスを作成し、講義を設計し、実践することができた。具体的には、インターンシップ・キャリア教育に加え、経営全般に関する科目として、マーケティング、経営戦略、地域ビジネス論、ゼミナール、他大学の非常勤講師として人的資源管理論やリーダーシップなどの講義を経験した。

（2）研究領域

　研究指導の機会を得て、学会への参加や論文投稿の機会を重ねる中、独力で研究ができるまでに成長した。共創の場・対話の場や、インターンシップを中心として、中小企業の経営革新、地域イノベーションの場の要素に関する研究へと領域が定められていった。博士号の取得、全国誌への査読付論文の掲載、依頼論文への原稿執筆、書籍発行の機会を有した。

（3）大学実務

　大学での経験を踏まえて、大学内のルールをある程度理解した上で、さまざまな業務に携われる状況になった。委員会の所属に加え、キャリア支援委員長や地域連携センター長の役割を担う機会があった。また、新設の専門職大学の制度に基づく学科の新設プロジェクトの機会では、文部科学省に対する説明や、企画立案や資料作成などにおいて貢献ができた。

	教育	研究	実務
実務経験	経験はほぼなし。市民活動を通じて学生との接点あり。	経験はほぼなし（調査分析・企業との関係性あり）。	大学でも活用可能なビジネス基礎力はあり。キャリア支援経験はあり。
1つ目の大学（2016年1月から2019年3月）	複数名で実施する中で教育の技術・経験を積み重ねた。	指導を受け、試行錯誤を繰り返す中で徐々に力をつけた。	大学のルールを確認しながら問題なく推進できた。
2つ目の大学（2019年4月から2023年3月）	一人で講義を設計・実施できた。	共同研究、試行錯誤する中で、成果を出すこともできた。	リーダー・責任者（地域連携・キャリア支援）として運営も可能であった。
2023年4月時点	同上。	研究ができる状態になった。	大学で運営する中で問題なく推進できた。

図表8-1　自己省察［出典：筆者作成］

3.2　教育

　川山（2020）は、実務家教員には「実務経験・能力」「教育指導力」「研究能力」の3能力が必要であると述べている（図表8-2参照）。

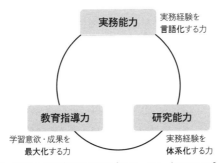

図表8-2　3つの能力［出典：実務家教員COEプロジェクト（2022: 10]

　「実務経験・能力」は、実務経験を言語化する能力であり、自身のどのような経験を伝えるのか、客観的に理解できる形で整理することが重要である。「教育指導力」は、学習意欲・成果を最大化する力であり、言語化した

実務経験を他者に伝えるための効果的な方法である。「研究能力」は、実務経験を体系化する力であり、論文・研究指導に限らず、実践と理論を融合する力である。そこで、筆者自身の実務家経験について、先行研究などを参考に、実務家教員にとっての教育・研究・大学実務の概要を内省・自己省察する。

　「教育」は、大学で働く上で重要な要素である。また、実務家教員に対する期待として、学校の中では経験できない、実務の経験を活かし、教科書などでは伝えきれない情報や、研究者では困難な深い情報や知識の提供が期待される。

　妹尾（2008）は、実務家の教員の教育指導の課題として、講演はできるが、講義ができない点を指摘する。また、武嶋（2010）は、実務経験や実践感覚は陳腐化するので常にアップデートが必要となる。すべての実務家が、自らの経験を抽象化し、適した教育手法を活用した講義を実践し、学習者に貢献できているわけではない。特に、これまでの実務経験で教育経験が乏しい場合や、教育の機会と重なりが薄い領域の場合は、大学での講義を実施する場合の障壁が高い可能性がある。その点について、濱名（2021）は、実務家教員が現場の知識を有することと、抽象化して学生に教育できることは別次元で、それができない限り大学等の専任教員には適さないと主張する。

　過去の経験を伝える場合、相手が理解できない自慢話になりがちになる点に注意が必要である。学習者の視点から、学習目標に到達するために適切な内容を、経験を踏まえて伝えるためには、内省し、抽象化した上で、学習者が理解しやすい形で伝える必要がある。つまり、リフレクションを通じて、経験を一般化・抽象化して、伝えるべき情報を自由に引き出せる状態にしておくことが重要である。講義を実施するために必要な内容には、教育効果を発揮するための教育方法の検討、シラバスに事前に記載、フィードバックの方法の検討、講義スライドの準備、評価方法の確定、適した教育手法の採用がある。土持（2007）は、授業シラバスには授業概要や日程などの情報が含まれるが、基本的な目的は、学生に何の授業かを伝えることにあり、教員自身のティーチング・フィロソフィ（授業哲学）に基づいて書かれる必要があると述べている。具体的には、授業の到達目標、到達目標を測定するための試験内容などを記載し、教員と学生とのコミュニケーションを円滑にする必

要がある。土持（2017）は、学習者の視点に立って授業のシラバスを考える重要性を述べ、そのために、最終地点である成績評価からスタートしてコースのデザインをすることが多いと述べる。

　また、石井（2010）は、教育能力の獲得要因には「日常的な講義の積み重ね、研究の積み重ね、実験論文指導などの日常的な教育研究活動が高く評価されている」と言及する。自分の経験や体験談を披露するスタイルは、講演や単発の情報提供には有益だが、教育効果をもたらす講義にするには、教育手法を身につける必要がある。学習者本位の教育プログラムの構築に向けて、実務経験を内省し、講義科目に関連した理論と、内省し抽象化した経験を、適切な状況で引き出すことが重要である。講演などでは、実務者の経験そのものを伝えることが主の役割で、付随的に関連理論を紹介する形が多い。講義の場合は、講義の達成目標に対して、適切な教育方法を活用し、それに基づいた内容の提供が必要である。学生の学習効果の極大化が主目的である。内省が進むと、抽象化された内容をもとに、具体的な内容を必要に応じて引き出せる状況の構築につながる。結果、実務家教員の特性を活かした、学生の学習効果を高める教育が可能となり、強みの１つになる。知識としての「理論」と、経験・体験談による「実践」を融合することで、実務家教員ならではの、ほかの人よりも分かりやすい、生きた教材の提供が可能となる。例えば、外部講師を招いた講義などのファシリテーターとしての役割を担う際は、講演が単なる情報提供にとどまることなく、講義の学習達成目標に対して具体的にどのような点で貢献するかを解説することで、翻訳機能を担い、学生に対して深い理解を促すことが可能となる。

　さらに、学生に対するきめ細やかな個別のオーダーメイド型の対応も、実務家教員にとっては強みとなる可能性がある。例えば、学生の発表に関するフィードバックや、インターンシップの事後学習などの際に、学生が経験した内容に対して、学生との対話やフィードバックなどの双方向のやり取りを通して、学生の内省を促す役割などが挙げられる。実務家が有する経験に加え、学生に対して「内省・リフレクション」を促す行為そのものが、実務家教員としての武器になる。

3.3　研究

　大学で専任教員として働く場合には、研究を避けて通れないだろう。実務家は、これまでに研究に携わったことがない人が多数を占める。筆者も、勤務経験の中で、調査レポートや執筆の経験は無かった。研究とは何か理解できない状況から始まった。筆者の経験と、研究へ取り組む実務家として実施してきた自主勉強会における質疑や助言内容から、以下の点を洗い出した。

　「研究のお作法が分からない」「研究は何のためにやるのか分からない」「論文の種類の違いが分からない」「学会が何か分からない、どの学会に入ったら良いのか分からない」「学会に入ったとして、発表するハードルが高く踏み出せない」「研究をするために、どんな知識が必要なのか、ステップが分からない」「先行研究の調査方法が分からない」「研究方法が存在するのか分からない」「実践活動を研究につなげる方法が分からない」「論文の提出方法、提出後の修正方法が分からない」「私には研究は向いていない」「忙しくて時間がない」。

　上記以外にも多くの困り事があると想定される。研究を実現できるようになるためには、事前に研究者との共同研究や、大学院に通ったり、学会に所属し情報収集することなどが望ましい。ただし、経験がない場合は、大学の世界に入ったのちに、経験を重ねて、研究ができる状態になることが望ましい。研究能力を有して研究実績を積み上げることで、大学の内外からの評価が得られることを意味する。

　谷本（2021）は、世界の大学では優秀な研究者は研究への高い評価を得てより良い研究条件（研究環境、研究資金、教育・行政負担など）を提供する大学・高等研究機関に移動するが、日本の大学は、日本企業の労働市場と同様に閉鎖的で、研究者の流動性が低い点を指摘する。

　次に、「研究を行わない場合」と「研究ができる場合」の影響を考察する。大学の内部での評価に加え、大学では、分野ごとに濃淡は存在するだろうが、客観的に測定可能な研究実績を有することが当該教員の評価につながる。昇進・昇格や大学を超えた転職の際には、審査基準の1つとなる。また、学生に対する教育の観点でも有益に働くことが考えらえる。研究を実施する人は、研究手法や研究の意味や意義を学生に伝えることができる。学生の研究能力の向上に向けた指導ができることで、教育の深さや幅が広がる効

果が期待できる。また、研究活動を通じて得られた知識や理論を、研究だけに限らず、教育や大学実務と重ね合わせることで、社会に還元することも可能となる。

　沖（2014）は、研究当初は先達が築いた学問の道をたどるために、その分野の古典的な文献をきちんと読むことが重要であると指摘する。研究を通じて、当該領域の先行研究や先端事例を調査することになる。研究活動を通じて、自らの研究領域を客観視し、テーマとなる研究の全体像を俯瞰することになる。適切な研究方法を選び、調査分析を進める中では、実務家の経験やネットワークの活用も有効となる。さらに、研究成果を論文や著書などで公開する場合は、調査や研究成果そのものが効果的な教育へとつながる。福屋（2020）は、教育活動においても、他人の「書」に頼らず自身の「書」を教材として、学生に知識を「教え授ける」ことが「教授」のあるべき姿であると言及する。

　学会発表や論文投稿を重ねて、第三者との対話やフィードバックから、研究を進化させることにつながる。研究領域や内容に関しては、作山（2022）は、社会人が大学教授になる鍵は、実務経験を活かして研究業績を短期間に量産することであり、社会人は実務経験をバックにした「効率」で勝負することの必要性に言及する。川山（2020）は、学会発表や論文の執筆のみを研究能力と定めるのではなく、研究とは暗黙知を形式知にする「新たな知見」を生み出すこととらえ、実践によって形成される実践知に実務家教員の価値があると述べている。このように、論文作成などに加え、周辺領域での広義の研究が実務家教員には期待される。また、論文に限らず、レポートや著書や、事例発表などを通じて第三者に伝え、活用されることで、社会貢献につながる。

　次に、筆者が、書籍や依頼論文を執筆した影響を考察する。

（1）実務家教員の実践、教育・研究活動の知見を第三者へ提供

　インターンシップの大学での実践の知見を、出版社・共著者とディスカッションする中で、企業の視点からに特化して、プログラムの作成方法や、作成後の改善方法などについて、企業の人事の立場、企業の受け入れ担当者の立場から、『企業のためのインターンシップ実施マニュアル』（野村・今永

2021）という書籍として出版した。実務家として企業での勤務経験が活かされ、大学での実践と企業への取材、情報収集する中で、具現化することができた。書籍を通して、セミナーの依頼や個別相談などがあり、結果として新たな事例が生まれ、研究の発展に向けた課題の調査や、共同研究が生まれるなどの発展が得られた。書籍の発刊が、その後の教育・研究・社会貢献へと発展した。

（2）実務家教員の実践、主に教育活動の知見を第三者へ提供

　大学でのアクティブラーニングの手法を取り入れたインタラクティブな講義について、実務家教員 5 名と連携し、それぞれのテーマを融合させ、『共創の強化書』（名古屋産業大学現代ビジネス学部経営専門職学科編 2023）として、1 冊の本を仕上げた。大学の実践活動としての教育活動に関して、実務経験を踏まえて、相互対話の様子などや、地域連携・産学連携の成果や留意点を形式知化した。

（3）実務家教員の研究活動を通した依頼から、出版プロジェクトへの発展

　インターンシップの実践と研究などを行うことによって、自分の研究にほかの研究者とは異なる独自の点を見いだすことができた。地域・地域中小企業における長期間のインターンシップの教育効果に加えて、仕組みやコーディネーターの役割などに特化した研究を進めてきた。その点が評価され、「地方創生へのインターンシップ」（今永 2021）として、依頼論文の執筆依頼を受けた。論文が公開されることで、当該領域の研究の活性化に寄与するなどの派生効果が期待できる。また、本論文をきっかけに、地域中小企業に対して長期実践型インターンシップを実施する全国拠点とのネットワークの拡大に寄与した。結果、連携し学生向けの教科書の出版プロジェクト『長期実践型インターンシップ入門』（今永 2024）に発展した。

3.4　実務能力

　大学実務の観点では、産業界における能力や経験と、大学で必要な能力に大差はないと感じる。大学では、所属する大学・組織独自のルールや慣習などが存在する。ただし、産業界においても、業界ごとの特性や、企業の独自

のルールや、部署ごとのルールが存在する。産業界においても企業の中の部署や地域ごとに文化や慣習が異なるケースや、転職経験がある場合は、企業ごとの違いを感じ取ることがある。郷に入れば郷に従えという言葉があるが、大学によっても規模や地域性、学部ごとの状況などの特性によって、求められる実務の内容や能力が異なる。また、教育や研究の内容は細分化された個別性が強い。松尾（2021）は、状況に応じて、少しずつ自分のスキルをアップデートし、入れ替えることこそ、高い業績を出し続けるポイントであると言及する。

　大学実務の観点においても、「内省」は重要であり、当該組織で求められる役割を理解し、貢献度が高い領域での活躍ができれば、組織からも評価され、周囲との人間関係が良好になるだろう。学内運営では、委員会やプロジェクトなどに参加することで、学校全体の発展への貢献が求められる。教務（学生）、入試広報、キャリア支援などが想定される。社会貢献活動としては、ほかの領域と重なることもあるが、地域との連携や、各種委員、企業からの依頼、学会運営、依頼講演、出張授業などが存在する。大学内での委員会活動やプロジェクトの際に、大学人として必要な知識や経験を積み重ねることもできる。積極的に当事者意識を持って参加することで将来につながる経験が得られる。

　実務家教員として必要なスキルについて、鵜飼（2021）は、実務家教員12名の先端モデル人材の質的調査から、大学が求める教育・研究・社会貢献・学内実務に対する経験や能力の関連性を「進化型実務家教員」として役割と能力を明示した。基礎力としての「タイムマネジメント力」「コミュニケーション力」「ITリテラシー」をもとに、研究者としての「知の発信力」、教育者としての「人材育成力」、社会貢献者としての「組織間連携力」、それを支える力としての「継続学習力・研究力」「情報収集・整理・活用力」「教育技術力」「経験の体系化力」である（図表8−3参照）。

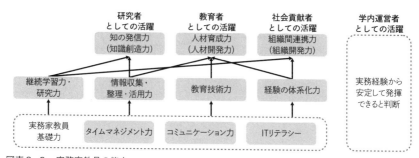

図表8-3　実務家教員の能力
　　　　［出典：鵜飼（2021: 19）図2（「安定して発揮できる能力」の構造化）を基に筆者作成］

　筆者は、地域連携プログラムを開発し、インターンシッププログラムを実践することが中心であった。作山（2022）は、「地域社会への貢献」が求められているが、社会性というものを自身のDNAとして有していない人が多い大学教員の中には、地域連携が苦手な教員が多いが、文部科学省は苦手な教員の存在などまったく無視して地域貢献を果たすためのアクティブラーニングの重要性を説いている状況を述べている。競合が少なく、希少性が求められる領域の中で、組織に貢献する中で、少しずつ教育・研究領域の能力も高めながら、大学で働くために必要な能力を向上させることは、キャリア形成を進める上で有益な方法の1つであろう。また、特殊プロジェクトとして、数年に1回の自己点検評価の機会や、学部の改変、学科の新設などの機会には、積極的に意欲的に関与することで、大学で必要な知識や経験が得られる。筆者は、専門職大学の制度を活用した新学科の設立プロジェクトに関与することができ、学科の新設時に必要な大学の機能や、産業界や社会のニーズ、文部科学省の施策や方向性についての知見を深められた。このような経験をとらえ、積極的に関与し、経験学習サイクルを回すことで、大学実務能力が強みの1つになる。

4.　理論と実践と対話

　実務家教員が成長するステップとして重要な点を考察する。筆者の経験から振り返ると、大学実務、教育指導力、研究能力を身につけるステップとし

て、まずは大学実務と教育指導力の領域で研鑽を重ねた。初めに、大学の実態やルールを知り、順応し、実務経験を活かして、大学実務で貢献をした。教育指導力と研究能力に関しては、大学での実践を重ね、徐々に向上させた。教育指導力に関しては、さまざまな講義を担当し、新たな講義を新設することや、ほかのベテラン教員と実践を重ねた。実践を内省し、ほかの教員との対話を通して、スキルアップを重ねた。その上で、学外の産業界との連携が自分自身の特徴を活かすことができる領域だと自覚するようになった。インターンシップでは、学生は学外の企業での「実践」活動を経験することとなる。質の高い教育効果を実現するためには、事前学習と事後学習が重要であることが認識されている（経済産業省 2012）。自己を理解し、目標設定をした上で、適切なインターンシッププログラムに参加し、参加してやりっぱなしではなく、振り返りを通して、活動の意味や意義を振り返り、自己の課題を見つけ、次へ向けた目標設定が重要である。

　学生にとっては、インターンシッププログラムで学んだことや将来のキャリアに関連する内容を「実践」することで、教育効果が高まる可能性が高い。また、自分自身で考えるのみならず、企業担当者との対話、大学教員やコーディネーターなどの第三者との対話、参加したほかの学生との対話を通して、自分の活動の意味や意義を振り返り、深い学びにつなげることができる。つまり、学生一人ひとりの状況を理解することと、学生との対話、さらには学生に応じたオーダーメイドな企業とのマッチングによって、教育効果を高めることができると理解した。実務経験を活かすことができ、研究領域にもつなげることができると気づいた。研究の知見を積み重ねる中で、インターンシップ領域の研究に注力するようになった。

　このステップは、Step1：大学組織への適応、Step2：教育技術の獲得、Step3：自己が注力する領域の発見、Step4：研究能力向上と整理することができる（図表 8 - 4 参照）。

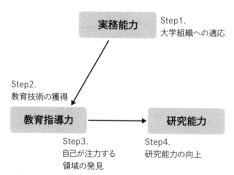

図表8-4　3つの能力の獲得ステップ［出典：筆者作成］

　筆者は当初、教育経験や研究経験が乏しく、特定の領域の専門性が高くはなかった。また、実務経験がそのまま教育・研究の中心領域にはならなかった。その中でも、経験を内省し、能力を抽象化し、大学の実務の中で適用させることができた。結果、大学における教育経験をもとに、徐々に研究のスキルを向上させて、領域を確立することができた。

　教育や研究の「実践」を通じて、理論を活用し、応用することが求められる。「理論」と「実践」を往還するためには、内省・リフレクション、対話がとても重要な役割を果たす。実務家教員が大学に適応し、活躍するためには、「理論」と「実践」と「対話」を繰り返すことが重要であり、その基盤には「内省」することが必要であろう（図表8-5参照）。

　「内省」し、実践すること。実践を理論と紐づけることの重要性。自己の内省と、他者との対話が重要な鍵を握る。実務家教員として、大学組織に適応し、大学実務、教育、研究ができるようになるためには、他者との信頼関係の構築が必要不可欠であり、さまざまな人と連携した上で、自らの強みを必要に応じて発揮することが重要である。そのためには、対話を通した、学内外とのネットワークの構築は、1つの重要な要素となる。さらに、新しい経験を踏まえて、適応した上で、学習し、成長を遂げ続けることが重要であろう。

　そのためには、謙虚な気持ちを有し、努力を続けることは必要不可欠な要素である。また、自らが貢献できる業務に関して、積極的に取り組む姿勢や、好奇心を有すること、業務に関連した内容についての学習意欲を有する

図表8-5　理論と実践と対話［出典：筆者作成］

ことも必要である。このような姿勢を有した上で、目の前の1つひとつの業務に真摯に真剣に取り組み続けることで、学内外の他者からの信頼が高まり、執筆や業務、新たなプロジェクトへの依頼などが舞い込んでくるであろう。その際には、自信がないことや時間や労力の点も気になるだろうが、他者から依頼される事項は、相手からの信頼があることが前提であろう。できる限り引き受け、経験値を積み上げることを推奨する。取り組んだ結果、教育や研究領域で、さらなる発展が期待できる可能性もある。断った場合、その後の発展は期待できない。

5. 実務家教員として大学で働くことで得られるものは、働く意義は何か？

　実務家教員に関連し、自らを内省し、教育・研究・大学実務の観点から考察した。大学の中に入って働けば、実務家教員も研究者教員も同じ仲間である。むやみに対立を生むことで、有益なことはない。ただし、自分自身が社会や組織で活躍するためには、ほかの人にはない希少性、武器を有することは必要不可欠であろう。大学においては、実務家教員は少数派で、30代で大学に転身し、大学実務・教育・研究とバランスよく実現できる人材は希少である。周囲を観察し、情報を収集した上で、自らの存在価値が高まるのは、どの領域なのか、どのスキルがより求められるのかを感じ、変化・進化を続けることは重要であろう。

　実務経験での高度な専門性や教育・研究経験の高さを有して、実務家教員

になる場合ではなくとも、大学の世界に入り、実務を通じて成長を遂げる意欲があり、努力することができれば、大学に転身して成功できる可能性があるのではないだろうか。大学に入ることが目標、最終ゴールではなく、大学に入り、適応し、努力し、活躍し続けることが重要であろう。

　大学教員だからできることは何か。実務家教員だからできることは何か。鵜飼（2021）は、実務家教員に対する役割の期待として「人材育成に関わる企業・団体と大学の間にある段差」と「問題解決に関する産業界・地域と大学の間にある段差」を解消する担い手となることに言及する。筆者にとっては、インターンシップの領域で、実務経験を活かして、学生と企業・産業界それぞれにメリットのある取り組みを推奨すること、さらに教育プログラムの充実や大学改革・新設に携わり、広く世の中に貢献することはやりがいを感じる仕事である。

　産業界と大学の格差を埋めるだけではなく、橋をかけ、虹をつくり、多くの人たちが渡り、未来を創造することができる仕事であると考える。ただし、実現に向けては、一人でできることは限られ、多くのステークホルダーとの共創が必要であり、長い時間を有する困難なものであるが、やりがいのある道である。

　天職か、転職か。天才か、天災か。縁があったから飛び込んだ。気がついたら、実務家教員、大学教員になっていたというのも悪くないだろう。産業界で活躍している多くの人に、大学の世界での活躍のフィールドが待っているかもしれない。

参考文献

Kolb, David A. (1984) *Experiential Learning: Experience as the Source of Learning and Development,* Prentice Hall

Schön, Donald A. (1984) *The Reflective Practitioner: How Professionals Think in Action,* Basic Books（＝柳沢昌一・三輪建二監訳（2007）『省察的実践とは何か ── プロフェッショナルの行為と思考』鳳書房）

福屋利信（2020）『大学教授よ、書を捨てよ、街へ出よう ──「プロジェクト型課題解決学習」（PBL）進化論』太陽出版

濱名篤（2021）「実務家教員の条件」実務家教員COEプロジェクト編『実務家教員の理論と実践 ── 人生100年時代の新しい「知」の教育』社会情報大学院大学出版部、44-60

橋本純次（2021）「知識基盤社会の大学教育におけるマスメディア出身実務家教員の現場と課

題」『社会情報研究』3 (1)：35-42

今永典秀（2024）『長期実践型インターンシップ入門』ミネルヴァ書房

今永典秀（2021）「地域創生へのインターンシップ」『日本労働研究雑誌』733: 73-84

石井美和（2010）「大学教員のキャリア・ステージと能力開発の課題 —— 広島大学教員調査
　　と東北大学教員調査から」『東北大学高等教育開発推進センター紀要』5: 29-42

伊藤精男（2015）「人材育成研究における『自己エスノグラフィー』の可能性」『経営学論集』
　　25 (4)：24-43

実務家教員COEプロジェクト（2022）『実務家教員という生き方 —— 人生100年時代の新し
　　い「知」の実践』社会構想大学院大学出版部

川山竜二（2020）「実務家教員とは何か」実務家教員COEプロジェクト編『実務家教員への
　　招待 —— 人生100年時代の新しい「知」の創造』社会情報大学院大学出版部，16-53

川山竜二（2021）「実務家教員とは何か」実務家教員COEプロジェクト編『実務家教員の理
　　論と実践』社会情報大学院大学出版部，10-22

経済産業省（2012）「成長する企業のためのインターンシップ活用ガイド」（2023年5月1日
　　閲覧，https://www.meti.go.jp/policy/economy/jinzai/intern/guidebook-all.pdf）

松尾睦（2021）『仕事のアンラーニング —— 働き方を学びほぐす』同文舘出版

名古屋産業大学現代ビジネス学部経営専門職学科編（2023）『共創の強化書 —— 学び成長し
　　続ける自分の作り方』中央経済社

中野雅至（2013）『ビジネスマンが大学教授、客員教授になる方法』ディスカヴァー・トゥエ
　　ンティワン

西村歩（2022）「実務教育学の研究方法論としての『実務的帰納法』」『実務教育学研究』1: 23-
　　43

野村尚克・今永典秀（2021）『企業のためのインターンシップ実施マニュアル』日本能率協会
　　マネジメントセンター

沖大幹（2014）『東大教授』新潮社

作山巧（2022）『人生100年時代の大学教授のすすめ —— 社会人から公募で転職した私の人生
　　戦略』文芸社

妹尾堅一郎（2008）「実務家教員の必要性とその育成について —— 『実務知基盤型教員』を
　　活用する大学教育へ」『大学論集』39: 109-128

武嶋俊行（2010）「理論と実践の架橋をめざして —— 実務家教員の課題」『教育経営研究』16:
　　1-2

谷本寛治（2021）『研究者が知っておきたいアカデミックな世界の作法』中央経済社

土持ゲーリー法一（2017）『社会で通用する持続可能なアクティブラーニング —— ICEモデ
　　ルが大学と社会をつなぐ』東信堂

土持ゲーリー法一（2007）『ティーチング・ポートフォリオ —— 授業改善の秘訣』東信堂

鵜飼宏成（2021）「ひと仕事以上を成した実務経験を次世代育成につなぐ 進化型実務家教員
　　養成プログラム（TEEP: Training for Emerging Educators and Practitioners） —— 名
　　古屋市立大学・岐阜薬科大学・高知県立大学・中京大学コンソーシアムの取組み」『大学
　　マネジメント』17 (3)：18-22

柳沢昌一（2013）「省察的実践と組織学習 —— D. A. ショーン『省察的実践とは何か』（1983）
　　の論理構成とその背景」『教師教育研究』6: 329-352

第9章

実務家教員養成の
これまでとこれから

1. はじめに

　社会構想大学院大学（2021年度までの名称：社会情報大学院大学）では、経営母体である先端教育機構の「知の実践研究・教育で社会の一翼を担う」という理念のもと、国内でいち早く「実務家教員養成」の仕組みを整えることの重要性を認識して、「実務家教員養成課程」を設置した（東2020：5）。第1期の開講は2018年10月で、文部科学省「持続的な産学共同人材育成システム構築事業（2019〜2023年度）」に先駆けて、実務家教員を養成するプログラムを運用してきた。第1期から第11期までに529名が本課程を修了し、2023年7月時点で12期生65名が受講中である。多くの修了生を輩出してきた本課程の経緯を振り返り、今後の展望を述べる。

　社会構想大学院大学「実務家教員養成課程」の「これまで」については、次の3つの視点で検証する。1点目は、本課程を運用する本学、すなわち人材を養成する教育者側の視点である。国内で先駆的に開講した本課程において、実務家教員に求められる能力をどのように措定し、授業を構成してきたか。本課程の特徴や運用の経緯をたどる。

　2点目は、受講者にとっての学びの視点である。受講者はどのような動機で本課程を受講し、ここでの学習を通じてどのような力を身につけたか、あるいは身につけられなかったと感じたのか。修了者アンケートの結果などから本課程における学びの効果や課題を検証する。

　3点目は、修了生の教育実践の場として構築してきた外部実習授業について述べる。本課程ではプログラムの最終授業となる模擬授業で高評価だった修了生に、日本女子大学をはじめとする、実務家教員養成COE事業の連携校や協力校で、90分の実習授業を行う機会を設けてきた。授業の対象は、大学生、大学院生、リカレント教育課程受講生・修了生などである。この実習授業に向けて、他大学と協働して、修了生に対する発展的な指導と評価を

行ってきた体制を紹介する。そしてこの実習授業が、実施者（本課程修了生）に何をもたらすかについて、振り返りアンケート結果から探る。

そして、上記の「これまで」における課題や可能性を踏まえ、社会構想大学院大学「実務家教員養成課程」の「これから」を「拡張」の見地から展望する。

2. 社会構想大学院大学「実務家教員養成課程」のこれまで

2.1　実務家教員養成課程の趣旨と特徴

2.1.1　「実務家教員」の定義と求められる能力

社会構想大学院大学は2018年10月に「実務家教員養成課程」を開設した。その背景には、専門職大学の設置（2019年度に制度化）に向けて実務家教員の需要が高まることへの対応[1]や、本学が2017年から広報のプロフェッショナルを育成する専門職大学院を運営する中で、教え手となる実務家教員を養成する重要性を認識した経緯がある（富井 2020: 278）。質の高い実務家教員の養成が、これからの専門職大学院の質の向上につながると見なしたのである[2]。では、実務家教員にはどのような能力が求められ、本学では具体的にどのような能力の形成を「質の向上」に資すると措定したのか。

専門職大学の設置基準における「実務家教員」の定義は、「専攻分野におけるおおむね5年以上の実務経験」と「高度の実務能力」を有する者としている。そして、この実務家教員を、専門職大学では基幹教員の4割以上の人数を配置し、そのうちの約半数以上は「大学における教員の経歴」「学位（博士、修士）」「企業などに在職して実務に係る研究上の業績」を有する者と定めた[3]。

すなわち、同法が示す実務家教員とは、「実務経験とその専攻における実務能力を有し、実務に係る研究業績を有する者」となる。この要件でみれば、現在現場で活躍する多くの実務家の人々が該当することになる。質の高い実務家教員の養成に向けては、さらに具体的な評価の観点（形成したい能力）と、その力を発揮する実務家教員としての社会的役割の明示が求められる。

　そもそも実務家教員は、いつから、どのような能力を期待されて高等教育機関で採用されてきただろうか。実務家教員登用の歴史は明治初期の東京大学でのお雇い外国人にさかのぼり、役人、軍医、技師、学校教員などが、その専門的な実務能力を大学の実学教育に活かすべく採用された（吉岡 2020: 97-98）。川山（2021）は、実務家教員の社会的・歴史的背景を、法令上の整備（可能段階）を端緒に、専門職大学院（制度化の段階）、政策的課題（普及の段階）へと展開したと示した。そしてこの推進には、実践的教育を高等教育で実現するための「社会の知を取り込む」作用が働いたと論じた。実務家の専門的な経験や知識が高等教育に必要とされてきたといえる。さらに川山（2020: 16-32）は、実務家教員が有する専門的知識や能力を利活用（マネジメント）し、他者に継承すること、ならびに実務と理論の架橋が、現代社会における実務家教員の担う役割だと示した。

　以上を踏まえて、本学では「実務家教員」を以下の通り定義した。「実務家教員とは、豊富な実務経験と高度の実務能力を持ち、それらを体系化して効果的に普及・伝達していく能力を併せ持つ教員のことを指します。それは産業界と学術界を往還する教育実践者であり、社会や産業の抱える課題を発見し、解決策を提言する手法を次世代に伝えることができる随一の職種といえます」（実務家教員COEプロジェクト編 2022: 9）。

　上記に基づき、本課程では実務家教員に求められる能力を、「実務経験・実務能力」とそれらを体系化する「研究能力」、そして効果的に普及・伝達していく「教育指導力」と定めた。この基盤となる3能力を措定した川山は、「実務経験・実務能力」や「教育指導力」は専門職大学院設置基準等において断片的に示されていたが、自分たちの知見をまとめないと、すなわち、暗黙知にされているものを形式知にするということは、研究能力にほかならないので、この3つの領域を立てた」と述べた[1]。そして、これらの能力を培った実務家教員は、「産業界と学術界を往還して、社会の課題発見や解決に寄与し、次世代やさまざまな場面に継承、普及する」職種であると位置づけた。

　社会構想大学院大学「実務家教員養成課程」で能力の関連を図表9-1に示し、各能力について説明する（川山 2020、2021）。

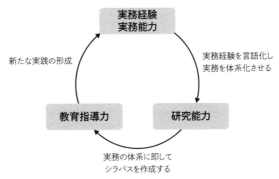

図表9-1　実務家教員に必要とされる能力［出典：川山（2020: 34）］

　「実務経験・実務能力」とは、実務を有する人たちそれぞれの豊富な経験とその専攻における能力を指す。これらの経験や能力を自分なりに振り返り（省察し）、自身の知見やスキルがどのような領域で活用できるかを見定める能力が必要とされる。この省察的な能力は、研究能力と教育指導力の根幹をなす。

　「研究能力」は、実務経験を持論として言語化し、実務を体系化させて、誰もが納得でき実際の現場で活用できる実践知にする能力をいう。理論と実践を架橋するもので、職業実践や社会課題解決にも寄与できる知識体系といえる。

　「教育指導力」には、「授業を行う能力」と「授業を設計する能力」がある。体系化させた実務経験を基盤に、自らが携わる教育の制度に対応させて、シラバスや教案を作成し、効果的に教える能力となる。そして、この教育指導力を実務の実践の場に応用し、新たな実践の知識構築につなげていく。

　「実務経験・実務能力」「研究能力」「教育指導力」の3能力は、相互に関連し合い、循環して、実務家教員としての質を向上させていくという構図である。

2.1.2　課程内容の変遷

　実務家教員養成課程の目標（3能力の形成）に対応させた、社会構想大学院大学「実務家教員養成課程」の課程内容について説明する。これまで大き

く2回の転換を経て構築されてきた[2]。第1段階（第1期～第4期）、第2段階（第5期～第7期）、第3段階（第8期以降）である。

・第1段階：第1期は15週30講でスタートし、第2期以降は本学研究科講義の聴講制度を設けて20週60講とした。
・第2段階：第5期～第7期は、実務家教員養成課程独自の授業科目として、「実務の最先端特講」を加えた。
・第3段階：第8期から、現行の6カ月の課程内容の枠組みが構築された。講義のほかに、各自課題を持ち寄りグループで検討する「研究会」を正規の授業として4回組み入れた。

　第1期（図表9-2）、第5期（図表9-3）、第12期（図表9-4）の課程内容を示す。
　図表9-2、図表9-3、図表9-4を比較すると、ほぼ同じ授業項目が配置されているのが分かる。実務家教員に必要とされる能力に対応させた基本となる授業の骨格が開講時につくられ、今日まで踏襲されてきた。
　3能力と制度理解に関わる授業が図表9-4において、次の通り織り込まれている。

・実務能力：「教員調書と実績」「実務家教員のキャリアパス」
・研究能力：「論文執筆の基礎」「実践と理論の融合」「研究倫理・コンプライアンス」
・教育指導力：「シラバス作成の基礎」「教授法の基礎」「ファシリテーション論・演習」「教材研究の基礎・教材作成演習」「学習評価論」「成人教育論」「オンライン教授法」「実践講義法」
・制度理解：「実務家教員とは何か」「高等教育論・高等教育政策論」

　教員間で基本となる知識や過去の授業内容を共有した上で、教員自身の専門性を反映して授業をつくる。授業の趣旨と内容がこのように継承されてきた。

第1期　実務家教員養成課程　2018年10月開講

週	講	講義タイトル	領域
1	第1講	ガイダンス	ガイダンス
	第2講	実務家教員とは何か	
2	第3講	教員調書と実績	キャリアパス
	第4講	教員調書と実績演習	
3	第5講	教授法の基礎Ⅰ	教育方法
	第6講	教授法の基礎Ⅱ	
4	第7講	高等教育論	制度理解
	第8講	成人教育論	
5	第9講	シラバス作成の基礎	教育方法
	第10講	シラバス作成演習	
6	第11講	教材研究の基礎Ⅰ	
	第12講	教材研究の基礎Ⅱ	
7	第13講	実践と理論の融合Ⅰ	研究方法
	第14講	実践と理論の融合Ⅱ	
8	第15講	論文執筆の基礎Ⅰ	
	第16講	論文執筆の基礎Ⅱ	
9	第17講	ファシリテーション論	教育方法
	第18講	ファシリテーション演習	
10	第19講	成績評価論Ⅰ	
	第20講	成績評価論Ⅱ	
11	第21講	論文執筆演習Ⅰ	研究方法
	第22講	論文執筆演習Ⅱ	
12	第23講	研究指導法Ⅰ	教育方法
	第24講	研究指導法Ⅱ	
13	第25講	実務家教員のキャリアパスⅠ	キャリアパス
	第26講	実務家教員のキャリアパスⅡ	
14	第27講	模擬講義Ⅰ	実習
	第28講	模擬講義Ⅱ	
15	第29講	模擬講義Ⅲ	
	第30講	模擬講義Ⅳ	

図表9-2　実務家教員養成課程第1期の課程内容（第1段階）

第5期　実務家教員養成課程　2020年4月開講

週	講	講義タイトル	領域
1	第1講	ガイダンス	ガイダンス
	第2講	実務家教員とは何か	
2	第3講	教員調書と実績	キャリアパス
	第4講	教員調書と実績演習	
3	第5講	実践と理論の融合 I	研究方法
	第6講	実践と理論の融合 II	
4	第7講	実践講義法 I	教育方法
	第8講	実践講義法 II	
5	第9講	シラバス作成の基礎 I	
	第10講	シラバス作成の基礎 II	
6	第11講	教授法の基礎 I	
	第12講	教授法の基礎 II	
7	第13講	教材研究の基礎	
	第14講	教材作成演習	
8	第15講	高等教育論	制度理解
	第16講	成人教育論	
9	第17講	論文執筆の基礎 I	教育方法
	第18講	論文執筆の基礎 II	
10	第19講	ファシリテーション論	
	第20講	ファシリテーション演習	
11	第21講	研究指導法 I	研究方法
	第22講	研究指導法 II	
12	第23講	成績評価論 I	教育方法
	第24講	成績評価論 II	
13	第25講	実務家教員のキャリアパス I	キャリアパス
	第26講	実務家教員のキャリアパス II	
14	第27講	論文執筆演習	研究方法
	第28講	シラバス作成演習	
15	第29講	模擬講義 I	実習
	第30講	模擬講義 II	

実務の 最先端 特講	第31講	講演①（修了生）	実務家教員のキャリアパス
	第32講	講演②（修了生）	
	第33講	講演③（連携校）	実務家教員への期待と実際
	第34講	講演④（連携企業）	
	第35講	研究会①	＊演習
	第36講	講演⑤（担当教員）	研究倫理・コンプライアンス
	第37講	研究会②	＊演習

＊研究会は以下の内容について受講生が資料を準備し、演習形式の授業を行う
・シラバス・模擬授業等の授業設計について
・論文について
・応募書類など、実務家教員としてのキャリア・プランについて

図表9-3　実務家教員養成課程第5期課程内容（第2段階）

第12期　実務家教員養成課程　2023年4月開講

週	講	講義タイトル	領域
		受講にあたって（1時間）	ガイダンス
1	第1講	実務家教員とは何か	制度理解
	第2講	実践と理論の融合Ⅰ	研究方法
2	第3講	高等教育論	制度理解
	第4講	高等教育政策論	
3	第5講	教員調書と実績Ⅰ	キャリアパス
	第6講	教員調書と実績Ⅱ	
4	第7講	シラバス作成の基礎Ⅰ	教育方法
	第8講	シラバス作成の基礎Ⅱ	
5	第9講	教授法の基礎Ⅰ	
	第10講	教授法の基礎Ⅱ	
6	第11講	【研究会①】教員調書作成演習	キャリアパス
	第12講		
7	第13講	ファシリテーション論	教育方法
	第14講	ファシリテーション演習	
8	第15講	教材研究の基礎	
	第16講	教材作成演習	

9	第 17 講	学習評価論 I	教育方法
	第 18 講	学習評価論 II	
10	第 19 講	【研究会②】シラバス作成演習	
	第 20 講		
11	第 21 講	論文執筆の基礎 I	研究方法
	第 22 講	論文執筆の基礎 II	
12	第 23 講	【講演①】実務家教員のキャリアパス①	キャリアパス
	第 24 講		
13	第 25 講	成人教育論	教育方法
	第 26 講	実践と理論の融合 II	
14	第 27 講	【研究会③】論文執筆演習	研究方法
	第 28 講		
15	第 29 講	【講演②】実務家教員のキャリアパス②	キャリアパス
	第 30 講	オンライン教授法	
16	第 31 講	実践講義法 I	教育方法
	第 32 講	実践講義法 II	
17	第 33 講	【研究会④】教案作成演習	
	第 34 講		
18	第 35 講	研究指導法	
	第 36 講	研究倫理・コンプライアンス	研究方法
19	第 37 講	模擬授業 I	実習
	第 38 講	模擬授業 II	
20	第 39 講	模擬授業 III	
	第 40 講	模擬授業 IV	

図表 9-4　実務家教員養成課程第 12 期課程内容（第 3 段階）

2.1.3　実務家教員養成課程内容の特徴

　次に、本課程内容の特徴を 4 点挙げたい。それらは「（1）経験の棚卸し」「（2）実践と理論の融合」「（3）インプットとアウトプット」「（4）成果物をつくる」「（5）多様な人との交流」である。各特徴を説明する。

（1）経験の棚卸し

　本課程では、自分の実務経験や実務能力を記述などにより可視化させ、整

理していく活動を軸に据えている。省察的な能力に関わり、まずは、図表9
－2～9－4の「教員調書の実績」「教員調書作成演習」の授業で学ぶ。「教員
個人調書」とは、大学に応募する際の提出書類の1つである。実務家教員を
養成するさまざまなプログラムにおいて、この教員調書の書き方を扱うの
は、本課程以外に類を見ない、特徴的な授業といえる[1][2]。この授業では、
いわゆる教員個人調書作成のコツの修得にとどまらず、書くことを通じて自
身の強みを再確認し、何を教えるかを見つめ直すことを教育目標に定めた。
以下に「教員調書と実績」「教員調書作成演習」の趣旨を引用する。

　　受講者が自らの実務経験を正確に認識できるように促すとともに、そ
　れを教員個人調書に落とし込む技法を教授することにある。教員個人調
　書は、大学教員として就職する上で、必要不可欠な書類であるが、学術
　領域以外の者にとって、それを書く機会は皆無である。特に実務家教員
　を目指す場合、履歴書及び教育研究業績に、何をどこまで記載すべき
　か、あるいは記載できるのかといった点について、精査する必要がある。
　　そこで、本講の講義、演習では、受講者における「キャリアの棚卸し」
　を促し、実務家としての自身の強みを再確認させ、ひいては「自身の実
　務経験のうち、何を指導するのか」という、実務家教員にとって核にな
　る要素を見つめ直す機会を与える（橋本 2020: 323-324）。

「経験の棚卸し」は、教員調書作成の授業後に続く「シラバス作成の基礎」
の授業でさらに体系化を試みていく。

（2）実践と理論の融合

　社会構想大学院大学でしか取り組んでいないもう1つの柱が、「実践と理
論の融合Ⅰ・Ⅱ」である[1]。その目的は、「受講者の『個人的な経験』を「単
なる経験談」ではなく、普遍的で教育可能な形に昇華するにはどうすればよ
いか、教授することにある。（中略）教員調書と実績の授業で『棚卸し』し
た各受講者の実務経験を基礎として、それらを既存の学問領域との関係上、
いかなる形で検討できるか検討する」（橋本 2020: 324）ことである。

（3）インプットとアウトプット

　本課程は、授業形態「講義」「演習」の組み合わせと、「個人の学び」「協同的な学び」を往還させる授業展開で構成される。「講義」「演習」の組み合わせは第1期（図表9-2）からあり、第2週「教員調書と実績」「教員調書作成演習」、第5週「シラバス作成の基礎」「シラバス作成演習」、第9週「ファシリテーション論」「ファシリテーション演習」が該当する。着目すべきは、「研究能力」に関わる「論文執筆」の授業で、第8週「論文執筆の基礎Ⅰ・Ⅱ」と第11週「論文執筆演習」）が、3週空けて設置された。受講者は第8週の講義後に論文計画課題を作成し、第11週で課題を持ち寄り検討した。講義でインプットした知識を基に課題を作成（アウトプット）し、その考えを受講者相互の演習（協同的な学び）で出し合い、さらに自身で調整する展開である。この形式は、第2段階（図表9-3）では、「実務の最先端特講」の中で「研究会」として引き継がれた。受講生は、3テーマ「シラバスや教案などの授業設計」「論文執筆」「応募書類など実務家教員のキャリアパスについて」のうちいずれかを選択して、自身が作成した資料を持ち寄り、演習を行った。そして、現在（図表9-4）は、研究会①「教員調書作成演習」、研究会②「シラバス作成演習」、研究会③「論文執筆演習」、研究会④「教案作成演習」が関連する講義の数週間後に設定されている。受講生は月に1度のペースで課題を作成してグループワークを行い、多様な意見や質問を受け、さらに自身で充実を図っていく。

　「研究会」は受講生に刺激を与え、学習意欲を高める機会になっている。本学実施の修了者アンケート（2.2で後述）での記述例を挙げる。「研究会という演習形式が自身の血となり肉となり、授業構成力を向上させた。当日に向けた準備作業と研究会当日に先生や仲間からいただく講評という一連の実践練習の賜物」。

　このような「インプットとアウトプット」による学習活動は、自分へのことば（内言）と他人へのことば（外言）を往還させてメタ認知を促し、学びを深化させる学習論（Vygotsky 2001: 379-383、三宮 2018: 40-43）に関わると考える。

（4）成果物をつくる

　上記のインプットとアウトプットによる学習活動を通じて、実務家教員としての実践で役立つ「成果物」をつくることも本課程の特徴である。研究会①〜④（図表9-4）で作成する課題（教員個人調書、シラバス、論文計画書、教案）は、教員応募の提出書類や、その後の教育や研究機会で応用可能なものとなる。さらに本課程最後の模擬授業で、教材資料の作成と20分の授業実践を行い、教員や受講生からフィードバックをもらうことも、これから教壇に立つ際のシミュレーションになる。このような課題作成や模擬授業実践の経験を重ね、つくられた成果物を携えることで、修了とともに実務家教員としての実践を開始する準備が整えられる。

（5）多様な人との交流

　本課程では18才以上で実務経験があれば誰でも、業種や専攻を問わず、自身の経験を基に誰かに教えたい人を広く受け入れている。第1期から第11期までの修了生（529名）の職種割合を図表9-5に示す。サービス業、教育・学習支援業、製造業、金融業、情報通信業、卸売・小売業、公務員、娯楽業、医療・福祉など受講者の職種や専攻分野は多岐にわたる。本課程では、あらゆる領域の実務家教員にとって必要なスキルを提供することを重視している。受講者一人ひとりが自らのキャリアを省察的に見つめ直すことで、教授したい／教授できるテーマを発見し、それを既存の学術的知見を踏まえつつ体系化する方法を学び、最終的に科目シラバスと模擬授業の完成を目指す（橋本 2020: 318-332）。

　受講生にとっては、自分とは異なる背景を持つ他業界、他職種、異世代の学習者との交流や対話は、自分の経験の価値を意識したり、自分が前提としている判断基準や思考を見直したりして、日常の職場では得られない貴重な学習機会になる（乾 2020: 117-118）。

　実務的な知識は門外漢の人に説明し、理解してもらうものなので、それを確かめる上でも異分野の人とのグループワークは有効である[1]。

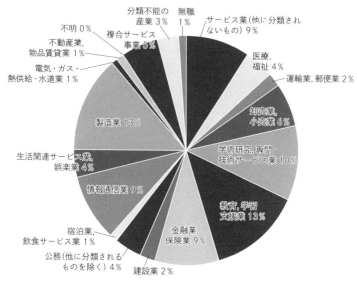

図表9-5　履修生（第1期～第11期）の職種（n=529）

　写真9-1は、第11期水曜昼クラスの模擬授業後に記念撮影したものである（2023年3月15日撮影）。多様で豊富な実務経験を有する受講生がほぼ毎週、対面やオンラインにて180分（2講）の授業を受講し学び合った。さらに本課程では受講者が自主的にクラス横断的に交流を図ったり、修了後も定期的に集まり活動状況を交換し合ったりなどの動きがある。受講者間で名刺交換して仕事の話をし合う光景は本課程でよく目にする。多様な人と関わり合う本課程の学習機会は、大学の教壇に立つことにとどまらず、ふだんの仕事や新たなキャリア形成にも活かされているのではないかと考える。

写真9-1　第11期水曜昼クラス模擬授業後の記念撮影

2.2　修了生にとっての実務家教員養成課程での学び

　2.1では実務家教員を養成する側の視点から、本課程の経緯や特徴を述べた。次に本項では、受講した修了者、すなわち学習者にとっての本課程を通じた学習の効果と課題を、本学で毎期調査する修了者アンケートの結果に基づき検証する[4]。対象は本課程のカリキュラムが構築された第8期以降（第8期〜第11期）のアンケート結果を分析した。回収数は、8期（50）、9期（50）、10期（37）、11期（22）の計159（回収率64％）である。なお、年度ごとの修了者アンケートの結果は、社会構想大学院大学実務家教員養成課程の報告書で公開している[4]。

2.2.1　実務家教員への志望度

　設問「高等教育における実務家教員としての志望度は受講開始時にどれくらいありましたか？　また、現時点（受講後）ではどれくらいありますか？」への回答結果を図表9-6に示す。

　受講前に高等教育での実務家教員を志望しなかった人、すなわち受講目的が実務家教員になることではなかった人は、28名（17.6％）だったが、受講後は、15名（9.4％）に減少した。そして、実務家教員になりたいと志望する人が「かなり強く」と「ある程度」を合わせて受講前の131名（82.4％）

から、受講後の144名（90.6％）に上昇した。特に、「かなり強く志望する」
割合が、54名（34％）から、84名（52.8％）に、すなわち半数以上に増えた
ことは大きな意識の変化と見てとれる。本課程の受講を通じて、高等教育で
実務家教員として教えたいと志望する意欲が高まったことが示された。

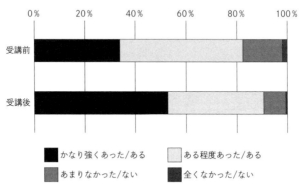

図表9-6　高等教育における実務家教員としての志望度の受講前後の比較

2.2.2　満足度と学習効果

　設問「本課程全体の受講を通じての満足度はどれくらいですか？（100～
81％、80～61％、60～41％、40～21％、20～0％のいずれかを選択）」に
対する回答結果を図表9-7に示す。8割以上の満足度を回答した人は97名
（61％）で、80～61％を選択した45名（23％）を合わせると、60％以上の満
足度を示した人は89％となった。一方で約1割の人が、6割未満の満足度
を選択した。

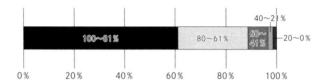

図表9-7　本課程全体の満足度

　設問「これまで実務等の経験をどれくらい省察できたと思いますか？」に
ついては、「しっかりできた」が60名（38％）、「ある程度できた」が91名
（57％）で、双方を合わせると151名（95％）が「省察できた」と回答した

（図表9-8）。「あまりできなかった」人は8名（5名）で、「まったくでき
なかった」を選択した人はいなかった。本課程で基盤とする、実務経験を棚
卸し、省察する学びを、95%の人が行えたと見なしたことが分かった。しか
し、十分に省察できたと回答した人は4割に満たない結果だった。

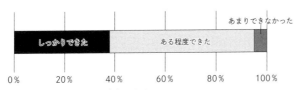

図表9-8　実務等の経験をどれくらい省察できたか

　設問「実務家教員になるために必要な知識・技能等はどれくらい修得でき
たと思いますか」には、「しっかり修得できた」が45名（28%）、「ある程度
修得できた」が105名（66%）で、双方を合わせると、150名（94%）が「知
識を修得できた」と回答した。「あまり修得できなかった」は9名（6%）
で、「まったく修得できなかった」を選択した人はいなかった。結果を図表
9-9に示す。図表9-8と比較すると、「しっかりできた」の回答値は、「省
察」の方が「知識修得」よりも高い値だった。

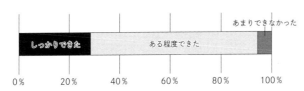

図表9-9　必要な知識・技能等をどれくらい修得できたと思うか

　では、修得できたと思う具体的な知識・技能などは具体的にどのようなも
のだろうか。10期と11期修了生に、自由記述で回答してもらった内容を次
項で述べる。

2.2.3　身についた、身につかなかったと思う能力

　10期（回収数37）と11期（回収数22）の修了者アンケートでは、「知識・
技能などの修得と関連させて、本課程で身についたと思う能力（知識、スキ
ル、態度など）を具体的にお書きください。一方で、身につかなかったと思

う能力（知識、スキル、態度など）について具体的にお書きください」の設問を設けた。回答のあった自由記述内容を「能力」の視点で分析した。

・身についたと思う能力

　59名中55名が「身についたと思う能力」を具体的に記述した。文章において各能力に関わる用語を抽出し、それを記した人数の割合と、具体的内容を検証した。結果を図表9-10と図表9-11に示す。

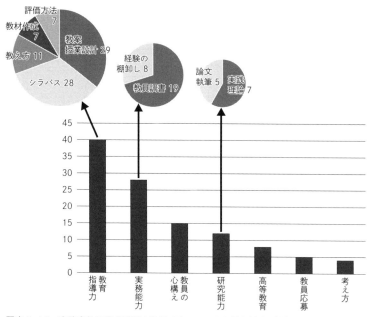

図表9-10　実務家教員養成課程を通じて身についたと思う能力（人）

教員の心構え	実務家教員の基本的な捉え方、要件、考え方 教育者になる難しさや覚悟 大学での授業態度 研究や教育の態度 学生の立場に立つ 学生に対する心構え 学生との契約的な考え 教員に求められること
高等教育 制度理解	高等教育機関の状況、知識
教員応募	教員になるための必要な情報 応募方法
考え方	意識や見方が受講前と大きく変わった 考えの導き方やまとめ方 意見や各種要点をまとめる力 批判的な見方　学術的な考え方

図表9-11　身についたと思う能力（3能力以外）の具体内容

　本課程が目標に据える3能力についての結果を述べる。「身についたと思う能力」で一番回答が多かったのが、「教育指導力」で、回答した55名中40人（73%）が記述した。具体的内容としては、「教案作成や授業の構成の仕方、教授法、アクティブラーニングの考え方（29人）」と「シラバス作成方法（28人）」を約半数の人が挙げた。そして、模擬授業を通じての「分かりやすい教え方、話し方（11人）」が続き、授業運営に付随する「教材作成方法（7人）」「評価方法（7人）」の記述も複数あった。本課程では、教育指導力に関わる授業を多く取り入れている（図表9-4）。2.1.3②で前述した通り、これらの授業を受講するにとどまらず、新たな知識や考え方をインプットして課題を作成し、研究会（シラバス作成演習と教案作成演習）や模擬授業で他者に向けてアウトプットすることで、教育指導力に関わる能力が身についたと実感を持ったのではないかと考える。

　次に「実務能力」に関わる能力を28人（51%）が挙げた。本課程の特徴的な授業である、「教員個人調書の書き方」を19人（35%）が挙げ、そのことによる「実務経験の棚卸し、スキルの再確認、省察する力（8人）」という記述があった。

　「研究能力」については、12人（22％）が記述した。「実践の理論化、実践と理論の融合（6人）」と「論文執筆方法（5人）」が挙げられた。「当該実務だけの場面ではなく、一般化してモジュール化する意義が理解できた」「自身の実務経験を主に語ることが実務家教員の役割と思っていたが、実践の理論、実務の言語化という根底の考え方を学んだ」という記述例があった。

　3能力以外の「身についたと思う能力」では、「教員の心構え（15人）」「高等教育の状況（8人）」「教員応募（5人）」「考え方（4人）」に関わる記述があった（図表9-10、9-11）。

　「教員の心構え」については、「高等教育において実務家教員が持つべき知識や態度」を自覚し、「学生の立場に立って」関わることの認識が示された。今の高等教育で重視する学修者本位の教学方針や、多様な学生に配慮した教授や研究指導法などの本課程の授業が、この認識に関わったと考えられる。そして、制度理解に関わる「高等教育の状況」についても8名が理解したと回答した。さらに、自らの「考え方、思考力」について4名が記述した。

　自身の考えの変容を省察したり、物事を批判的にとらえたりする力が挙げられた。また、複数の意見を引き出しまとめる能力も示された。この点においても、研究会や授業内のグループワークなどでの協同学習で多様な意見や考えに接し、多角的に考え、調整する学習機会が関わったと考える。

・身につかなかったと思う能力

　一方、実務家教員養成課程を通じて、「身につかなかったと思う能力」を、22名が記述した（図表9-12）。「研究能力」について15名が挙げ、「論文執筆（6人）」「実践と理論の融合（5人）」「学会の考察（1人）」を十分に学べなかったと示した。「研究能力」については、「授業の比重が小さい」「実際に論文を書くには時間を要する」と、本課程における研究能力に係る時間配分の課題を複数の人が挙げた。

　また、身についたと思う能力で多く掲げられた「教育指導力」についても、14名が身につかなかったと思うと回答した。その理由として、「実践的な教授方法」についての記述が7名あった。「大学生との実際のコミュニケーション」「実践が模擬授業だけだった」「知識だけでなく実際の授業実践」など、理論や知識を教育指導で実際に活用する実践力を身につけていな

いという指摘が複数あった。ほかには、「授業やシラバスの設計が十分にできていない（4名）」「評価方法や教材の具体的作成方法（各1名）」があった。知識を活用する演習機会をさらに増やすなどの検討が求められると考える。

　実務家教員としての能力やレベルを高めるには、思考や経験を重ねる「時間」が必要だという意見が8名からあった。修了後に実務家教員として活躍するためには、継続した学習や授業を実践する機会があることが望ましいだろう。そして、教員採用に向けて、実務家教員に応募する戦略をもっと身につけたい（4名）、教員個人調書を再度、充実させる授業を設けてほしいという意見もあった。

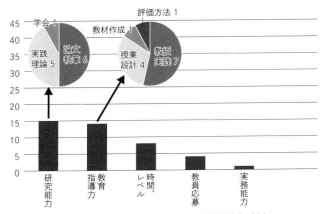

図表9-12　実務家教員養成課程を通じて身につかなかったと思う能力（人）

　以上の受講者の認識から、本課程による学習効果や課題を次のように考察した。「実務能力」については、本課程の特徴的な授業である「教員個人調書」の作成などを通じて、自身の実務経験を省察し整理できた。その体系化に関わる「研究能力」については、図表9-10と図表9-12の値がほぼ同じことから、十分に身についていないことが示された。「教育指導力」では、高等教育の制度理解と合わせて関連する授業の知識を得たが、実際に授業を実践する、すなわち「教える力」の形成には十分に至っていないことが示唆された。

2.3　修了後の外部実習授業

　前項では、修了生にどう継続した学習支援をするかの課題を述べた。この点において、本課程では、模擬授業で高評価だった人を対象に、他大学での実習授業の機会を設けている。その体制と実習授業がもたらす効果について述べる。

2.3.1　実習授業の経緯と体制

　実習授業は、文部科学省の推進事業「実務家教員COEプロジェクト」が採択されてから、本事業の連携校である日本女子大学をはじめとする、複数の大学の協力を得て実習授業を行ってきた。日本女子大学は国内で先駆的に女性のためのリカレント教育に携わってきた実績があり、「リカレント教育には有能な実務家教員による指導が必須で、実務家教員が大学で教鞭をとるには経験や一定の訓練が必要」という認識のもと、実習授業（日本女子大学では模擬講義と称する）の受け入れを開始した（坂本 2020: 188-190）。

　日本女子大学と本学とで構築した、実習授業に向けての指導と評価の手順を以下に示す。

1）実務家教員養成課程模擬授業の高評価者（候補者）に実習授業実施の希望を尋ねる。
2）実施希望者の実習先と日程の希望について調整する。
3）本学教員が、候補者に事前指導①（課程内容の復習と実習授業の趣旨説明）を行う。
4）本学教員が、候補者に事前指導②（ブラッシュアップした教案への意見交換）を行う。
　実習授業推薦基準（双方向的な授業、著作権への配慮、オンライン教授の技術）を確認後、正式に授業実施者の推薦を決定する。
5）推薦者に対して日本女子大学による事前指導③（授業内容の確認）を行う。
6）実習授業（模擬講義）の実施（対面もしくはオンライン）。
　受講生（リカレント教育課程受講生・修了生、大学院生、学部生）と日本女子大学専任教員（リカレント教育委員）、本学の教員による口頭によるコメントと、評価フォームへの入力を行う。

7）評価結果が日本女子大学から実施者に送られる。

8）実施者は事後学習として、実習授業の振り返りアンケートを記載する。

　上記1）～8）の行程は約半年を要する。実習授業の候補者は毎期10名前後（各年度20名前後）おり、各実施者に対する3回の事前指導（約90分／回）を実施している。受け入れ先の大学は、実習授業テーマの学内周知や受講生集めの調整を担う。2023年度の実習授業の受け入れ校（2024年1月時点）は、日本女子大学（写真9-2）、岡山理科大学（写真9-3）、近畿大学、武蔵野大学、東京富士大学である。2021年度後期と2022年度前期には、びわこリハビリテーション専門職大学と佐賀大学での実施もあった（図表9-13）。実習授業の受講者は大学によって異なり、リカレント教育課程受講生・修了生（日本女子大学）、大学院生（近畿大学、日本女子大学）、学部生（岡山理科大学、武蔵野大学、日本女子大学、東京富士大学）である。他大学での実習授業においても、上記1）～8）の手順を経て実施する（ただし、日本女子大学以外の実施校では事前指導③と評価結果の配信を本学教員が行う）。

　なお、授業形態は、すべての大学で対面授業を行い、日本女子大学では一部Zoomを使ったオンライン授業を実施した。

写真9-2　日本女子大学での模擬講義

写真９-３　岡山理科大学での実習授業

年度	実施者数	実施先（人数）
2019年度	7	日本女子大学
2020年度	5（前期）	日本女子大学
	13（後期）	日本女子大学
2021年度	8（前期）	日本女子大学
	13（後期）	日本女子大学（8）、岡山理科大学（4）、びわこリハビリテーション専門職大学（1）
2022年度	7（前期）	日本女子大学（2）、岡山理科大学（4）、佐賀大学（1）
	10（後期）	日本女子大学（7）、岡山理科大学（3）
2023年度	11（前期）	日本女子大学（4）、岡山理科大学（4）、近畿大学（2）、武蔵野大学（1）
	10（後期）	日本女子大学（4）、岡山理科大学（2）、東京富士大学（4）

図表９-13　本課程修了生の実習授業の経緯

2.3.2　実習授業の効果

　上記手順８）で、実習授業を行った修了生による振り返りアンケートの記述内容を分析し、実習授業がもたらす効果を検証した。

　アンケートの設問は次の４点である。すべて自由記述で回答してもらった。

Q1．なぜ、いつ頃から実習授業を行いたいと希望しましたか？
Q2．実習授業を行って、学んだこと、身についたと思う能力、これから活用できそうなことをお書きください。
Q3．実習授業の事前指導（全3回）について、意見や感想をお書きください。
Q4．その他、実習授業についての感想やご意見があればお書きください。

　本項では、Q1とQ2の結果を述べる。日本女子大学と岡山理科大学で実習授業を行った9期修了生（回答6名）と10期修了生（回答8名）計14名の結果を分析した。
　Q1の実習授業を行いたいと希望した動機（なぜ）については、次の6点が挙げられた。

　　・実際の大学生を対象に授業をして反応を見たい（5名）
　　・受講の目標、モチベーションにした（4名）
　　・大学で90分授業を行える貴重な機会（3名）
　　・自身の経験値を高めキャリアを積む（2名）
　　・実務家教員としてのやりがいや適性を確認する
　　・修了生の体験談を聞いて関心を持った

　時期（いつから希望したか）については、14名中10名（71％）が、受講前や入学時などで、実習授業の制度を知った早い時点で、希望したことが分かった。ほかの4名は、受講途中や修了後の連絡を受けてという回答だった。動機と合わせてみれば、実習授業が実務家教員養成課程受講の契機や目標になり、モチベーションを高めることに大きく関わることが明らかになった。では実際に実習授業を行い、実施者にどのような学習効果がもたらされただろうか。
　Q2の実習授業を通じて「学んだこと、身についたと思う能力、活用できそうなこと」の回答結果を以下にまとめた（図表9-14）。

項目	数	具体内容
教授法 アクティブラーニング 授業構成	8	・Zoom を使用したリモート講義の準備、講義の実践、アクティブラーニングなどは初めての経験だったので大変勉強になった。 ・学生の身近な日常に隣接した活動からビジネスの話につなげていく。 ・AL の進め方について。プロアクティブに学生と関わっていく。 ・双方向で授業を行うことで、学生自身の主体的な学びを促進できると感じた。 ・資料作成を今後に役立てたい。 ・展開や構成を考え直す機会になった。 ・実習授業に向けて、頭と手を動かして準備し、その授業の内容が一層ブラッシュアップされ、自身の伝えたい知見やメッセージが明確になった。常に学生と意思疎通を行っていくことを感覚的につかめた。授業本番での臨機応変さの重要性を肌身で理解できた。 ・教師が描いた筋書き通り進めようとすると、結果的に学習者の意に反したものになると身に染みて感じた。
学生目線 多様性	8	・社会人、大学院生、学部生目線での講義に、手応えを測れた。 ・学生の興味をひくコツをつかめた。 ・社会人と違って、「大学生」は、年次や置かれた状況により異なり多様である。 ・基礎知識のない学生、受講者に対する配慮、ダイバーシティについての考え方。 ・学生の反応はとても勉強になった。 ・学生の反応や様子を都度確認して進めた。 ・大学生とのコミュニケーション・距離の取り方等を理解・体感できた。 ・学習者目線で、学習者に寄り添った授業をすることの大切さを実感し、学習者に寄り添った授業ができる能力が身についていることを感じ取ることができた。
実務教育能力	2	・取り扱いいかんで、経験そのものが受講者の理解を促進する大きな要素になることを感じた。「エビデンスとしての経験」を活用していきたい。 ・自分の強み弱みを再確認できた。
責任	1	学生の進路や将来に影響を与えるという重責を担う役割を再認識。

| 大学教員の意識 | 1 | 実施先の評価教員の、「学生」や「講義」に対する熱意、見識が高かった。 |
| キャリアパス | 1 | 自身のキャリアパスを考えるきっかけとなり、ビジネススクールに通うことにした。 |

図表9-14　実習授業を通じて学んだこと、身についたと思う力、活用できそうなこと

　実際に学部生などに向けて90分の授業を実施したことにより、「教え方（教授法、授業構成など）」の考え方や技術について実感を持って学べたという感想を8名が示した。このうち、5名が「アクティブラーニング」「双方向的に」「学生と意思疎通を行って」と、学習者主体の授業展開を意識して行った効果を上げた。これは、本課程修了後に実習授業に向けて行う事前指導①〜③や、実施者を実施校に推薦する基準において、「双方向的な教え方」に重点をおいていることと関わると考える。高等教育が求める学修者本位の教授力を高めることの意義を本学と実施校が共有し、協働で指導した効果とも考えられる。

　そして、当初の実習授業に期待していた「学生の反応」を直に学べたことを8名が記した。さらに、学生が多様であり、「ダイバーシティについての考え方」を学べたという意見もあった。これらは実際に学生と向き合って授業を行ったからこそ実感できたことといえる。

　実際に授業を行った感触から、自身の実務経験がエビデンスとしてどう授業に活かされるのか、自身の強み弱みは何かを再確認できたという意見を2名が述べた。実習授業が実務家教員としての可能性と課題を省察する機会になったことに着目したい。

　併せて、実習授業実施校の評価教員との関わりにより、「大学教員の見識や熱意」に触れ、今後の自身のキャリアを考える機会になったことも示された。実習授業では、受講する学生との関わり以外に、大学教員との関わりも実施者の学びに影響をもたらしていた。

　上記の効果を鑑みると、本課程を修了した後に、多くの受講生が実習授業を実践し経験を重ねる機会があることが望ましい。しかしながら、実務家教員として教壇に立つには、十分な3能力を兼ね備えて臨む必要がある。多様な学生に配慮し、学生が安心でき、かつ活発にコミュニケーションを図る学

習環境を整える力も必要である。そのためには、さらに学び続け、研鑽を積む場が必要となる。この体制づくりが今後の課題といえる。

2.3.3　実務家教員養成課程の「これまで」の小括

　以上、第2節では、実務家教員養成課程で形成を目指す3能力「実務能力」「研究能力」「教育指導力」に対応させた本課程内容の特徴と、受講生の学びの様態を修了者アンケートなどに基づき説明した。「満足度6割以上：89％」（図表9-7）「省察できた・ある程度できた：96％」（図表9-8）「知識を修得できた・ある程度できた：94％」（図表9-9）の結果から、一定の満足度や学習効果が得られたとみなせる。しかしながら具体的な能力については、「教育指導に関する知識は理解したが実践の機会が不十分だった」「研究能力が十分に身につかなかった」などの課題も明らかになった。そして、課程修了後の実習授業については、学生や大学教員と直に関わる経験により、双方向的な教育指導の能力などを養い、多様な学生への配慮を実感する効果があることが示された。

3．社会構想大学院大学「実務家教員養成課程」のこれから

　本課程は文部科学省「持続的な産学共同人材育成システム構築事業」後の2024年度以降も継続させる計画にある。改めて本課程の目標を社会構想大学院大学の理念や方針と対応させて見直し、カリキュラムや評価の観点を検討する予定である。

　筆者は第10期から社会構想大学院先端教育研究所の教員として本課程を担当してきた。今の受講生の状況を知る立場から、私見として、今後の本課程のあり方を考えてみたい。実務家教員養成課程の「これから」を、「拡張」の視点で展望する。

3.1　実務家教員養成課程の「拡張」

　筆者は、実務家教員養成課程の学習者（受講生や履修生）の「教育場面」と「学習活動」の拡張が、今後の課程内容の充実と学びの可能性を高めるの

ではないかと考える。

3.1.1　教育場面の拡張

　「教育場面」については、高等教育機関にとどまらず、リカレント教育や組織内教育など、あらゆる教育場面で、多領域にわたる実務を教える人を増やすことを一案として構想している[1]。現行の授業では、高等教育で教える場面を想定した授業が主に配置されており（図表9-3）、シラバスの作成も受講生全員に学部生を対象とした授業設計と模擬授業の実施を課している。本課程はリカレント教育を広く担う人材養成も重視してきた（川山 2020: 45-48）。修了後の教育機会を調べたデータを紹介する。橋本・日下田らの調査[5]によると、本課程を修了した後に、「大学や短期大学（専門職大学や専門職短期大学を含む）における実務家教員の経験」のある人の割合は、専任教員で7.1%、非常勤講師で20.8%だった。一方で、「実務経験を通じて培ってきた知識や経験を体系化したものを、教育機関以外の場所で、次世代の人たちに伝えたことがある」と回答した人は44.2%に上った（図表9-15）。

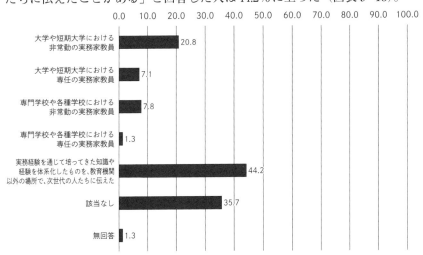

図表9-15　実務家教員養成課程修了後の教育経験（n=154）（%）
　　　　［出典：科学研究費助成事業・基盤研究（B）「教育機関と産業界・地域・市民社会を架橋する境界領域（EBF）に関する実証的研究」（2021～2024年度）研究代表：橋本鉱市、調査担当：日下田岳史］
　　　　対象者：実務家教員養成課程第1～10期の修了者、配布数：469、有効回答数：154、有効回答率：32.8%

　このことと関連させて、「本課程への入学を決意した時点の期待と修了後に役立ったこと」についての橋本・日下田らの調査結果を示す（図表9-16）。入学を決めた際に大学や短期大学（専門職大学や専門職短期大学を含む）の実務家教員を目指していた人が7割以上あったものの、実務家教員養成課程の受講の経験が「大学や短期大学の実務家教員（専門職大学や専門職短期大学を含む）を目指すことに役立ったか」の回答値は、4割を下回った。一方で「実務家教員養成課程で得られた経験を入学前から携わっていた仕事に活かすことができた」については、入学を決意した時点で期待していた人が25.3％だったのに対して、修了後に役立ったと感じている人は35.7％に上った。この値は「大学や短期大学の実務家教員を目指すのに役立った」の回答値（38.3％）と遜色のない結果だった。本課程の説明会の参加者からは、「自分の仕事や業界の職員研修のプログラムを開発したい」という相談をたびたび受ける。以上のことから、修了後にどのような場面で教えたいかの受講者の要望に応じて、リカレント教育や組織内教育などに対応した授業

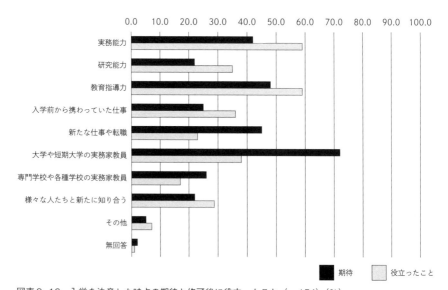

図表9-16　入学を決意した時点の期待と修了後に役立ったこと（n=154）（％）
　　　　　[出典：科学研究費助成事業・基盤研究（B）「教育機関と産業界・地域・市民社会を架橋する境界領域（EBF）に関する実証的研究」（2021～2024年度）研究代表：橋本鉱市、調査担当：日下田岳史]

を新たに設けることも、実務家教員が教える機会を拡張させる方策になると
考える。

　なお、図表9-16において、第2節で述べた「3能力」については、いず
れも「期待」より「役立った」と回答した値が上回った。すなわち、橋本・
日下田らの調査結果からも、本課程を通じた一定の学びの効果があったと考
える。併せて、「様々な人たちと新たに知り合う機会をつくるのに役立った」
という値も履修後に増加した。

3.1.2　学習活動の拡張

　次に、学習者自身の学習活動の拡張について述べる。受講生ならびに履修
生による、学習活動の拡張（Engeström 1987=1999: 141-144）の構図を図表
9-17にまとめた。本課程を通じて、学習者（受講生や履修生）は養成者（教
員、事務局、連携機関）と共に、それぞれの豊富な資源（本課程で形成した
さまざまな能力や経験）を媒介として、教育の質の向上や持続可能な社会構
築などに関わる。そしてこの活動を、未来に向けたミッションを共有する共
同体とルールを確認し、役割を分担して取り組んでいく動きを示す。

　この学習活動の拡張を通じて、本課程で定義する実務家教員の役割である
「社会や産業の抱える課題を発見し、解決策を提言する手法を次世代に伝え
る」（実務家教員COEプロジェクト編 2022: 9）ことに寄与できるのではな
いかと考える。受講中の12期生65名を含めると、第1期から今まで、600
名近くが本課程で学んだことになる。さまざまな分野において第一線で活躍
してきた実務家教員が履修後も学び続け、協働することの意義は大きい。

　2.1.3④で述べた通り、本課程では多様な職種や年齢の人たちが集い学び
合っている。しかしながら、東北大学（2023）が文部科学省事業の4拠点
（東北大学、名古屋市立大学、舞鶴工業専門高等学校、本学）に行ったプロ
グラム評価の報告[6]によると、「受講中、一緒に参加した受講者から学んだ
ことがあった」について「そう思う」と答えた割合が46％で、4拠点平均
値（59％）より下回った。受講者間での関わりが、一部の講義内のグループ
ワークと、4回の研究会（任意参加）に限られているので、十分な学び合い
を実感するに至っていない可能性がある。教授学習の方法においても、教員
主導で教える講義形式以外に、授業外時間も活用しながら、受講者相互の自

主的な学び合いの機会をさらに設けることなどを検討したい。10期生は、模擬授業前に自主的に集まり勉強会を複数回開催したと聞く。模擬授業に向けた意欲の高まり、周到な準備、そして受講者間の一体感を教員として実感した。このような、受講生によるクラス横断的な交流を支援していきたい。

　さらに、期をまたいだ履修生との交流機会も、本課程の学びをそれぞれの人が自身の今後に活かす上で参考になると考える。本課程では、実務家教員として活躍する履修生から、就任した経緯や現場でどう仕事をしているかなどの話を聞く授業「実務家教員のキャリアパス」を設けている（写真 9 -

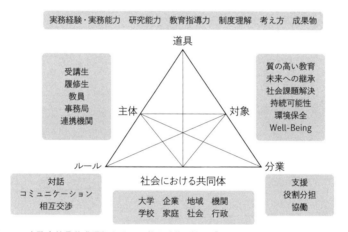

図表 9 -17　実務家教員養成課程を通じた学習活動の拡張 ［出典：エンゲストローム（1999）を援用］

写真 9 - 4　第 12 期実務家教員のキャリアパス①授業風景（2023 年 7 月 15 日撮影）

4）。全クラスがオンラインで受講し、質問や意見を交換し合う。このような機会をさらに増やすことも一案である。

3.2　エージェントとしての実務家教員

　川山（2019: 95）は、「実務家教員としての能力は、大学の教壇だけしか役立たないものではない。企業や組織であっても必要とされる能力であろう。実務家教員は大学と組織を絶えず往還することによって、学習と社会を変革させるエージェントになりうるのである」と論じた。川山は、このエージェントについて、「『知識社会化した時のそれぞれの担い手』をいう。職業教育の文脈でいうと『知の開放』すなわち、だれもが知に触れられる機会をつくるのは大事なことである。社会包摂にアクセスできる観点からも知識の明示化が大切である」と述べた[1]。本課程での学びを通じて、それぞれの「知」を開放し、あらゆる人に届ける、その担い手としての期待である。

　「エージェンシー（agency）」は、OECDでは、「変化を起こすために、自分で目標を設定し、振り返り、責任を持って行動する能力（the capacity to set a goal, reflect and responsibility to effect change）」として定義されている（白井 2020: 79）。OECDは、この「エージェンシー」の形成を2015年から開始したEducation2030プロジェクトの重要な教育目標に掲げた。VUCAとなる時代を見据えて、学習者が「実現したい未来」に向けて、自らの「目標を設定」し、その目標達成に向けて学習活動を「計画」し、その能力や機会を「評価・振り返り」、自分を「モニタリング（調整）」していくことを重視した。また、それは社会に対する「責任」を持つことも含意する（白井 2020: 80）。

　つまり、OECDによる「エージェンシー」の考えは、「実現したい未来に向けて責任を持ち、自ら目標を設定して計画し、省察し、調整していく力」であり、その力が「社会の変革」に関わるととらえられる。この問題解決的な学習活動の展開を、実務家教員養成課程の授業と実務の実践の場に連動させて組み込み、図表9－1の構図の循環を活発化させることが、重要な鍵になると考える。

4．おわりに

　本稿は、実務家教員養成課程の経緯を修了者アンケートなどの記録をたどり、課題や可能性を検証した。アンケートの分析は一部であり、さらに自由記述の感想などを精査する必要がある。また修了者アンケートの回収率が約6割であることから、示した結果は、傾向として参照いただければ幸いである。

　実務家教員や実務家教員養成に関わる研究はまだ十分になされていない。その中で、橋本（2021）は、マスメディア出身の実務家教員の現状と課題を、各大学のウェブサイト「情報公開」のページから「様式第2号の1-①」で検索する方法を用いてデータを収集し検証した。この検索方法は、本課程の「教員調書と実績」の授業でも紹介している。橋本は、この分野における実務家教員の属性と授業内容を明らかにした上で、さらに「実践の理論」の構築過程の質的な検証を課題に挙げた。

　伴野（2023）もまた、現役の実務家教員を対象にその状況を調査した。実務家教員としての経験をパターン・ランゲージという手法を用いて、「ことば」に表しカテゴライズした。この「ことば」は、これから実務家教員として活躍していくための指針やヒントになるとした上で、その有効性の検証がこれからの課題だとした。

　両者とも、今の実務家教員としての実践や思いなどの一端を可視化させて示した。しかしながら、実務家教員の今の状況や質の向上に向けて、実務家教員養成課程の内容がどう関わるかは調べられていない。本課程でいかに教え、受講者はどう学び、そこで身についた力をどう活用し、拡充させていくか。それにより教育や社会がどう変わっていくのか。この研究が今後求められると考える。本課程で学んだ多くの履修生の活躍を追うことで、見えてくるものがあるかもしれない。

　実務家教員養成課程の受講者は、それぞれの分野において、常に今起きている社会の動向をキャッチし、課題解決に取り組んでいる。その人にしか教えられない経験や能力を豊富にもち、私たち教員もその知見から多くを学ばせていただいている。本課程で能力を身につけ、あらゆる分野でプロフェッショナルとして活躍される受講生や履修生の修了生の力を借りて、共に実務

家教員の養成を進めていければ、図表9-17に示したような、学習の拡張を促す動きをつくれるのではないかと期待している。本稿で述べた社会構想大学院大学実務家教員養成課程の経緯の記録が、その一助になれば幸いである。

　おわりに、本課程の運用ならびに、本稿で紹介したアンケートや写真掲載の協力を頂いた、社会構想大学院大学実務家教員養成課程の受講生ならびに履修生のみなさま、日本女子大学、岡山理科大学をはじめとする実習授業実施校の教職員のみなさまに、心から謝意を述べる。

注

1）川山竜二氏（社会構想大学院大学学監）へのヒアリング（2023年7月14日）
2）冨井久義氏（社会構想大学院大学准教授）へのヒアリング（2023年5月24日）
3）専門職大学設置基準（平成二十九年文部科学省令第三十三号）
　https://elaws.e-gov.go.jp/document?lawid=429M60000080033
4）社会構想大学院大学実務家教員養成課程年次報告書
　https://www.coep.jp/reports_publication_year/2022/
5）科学研究費助成事業・基盤研究（B）「教育機関と産業界・地域・市民社会を架橋する境界領域（EBF）に関する実証的研究」（2021～2024年度）研究代表　橋本鉱市、調査担当　日下田岳史
6）東北大学高度教養教育・学生支援機構 大学教育支援センター（2023）『実務家教員育成研修プログラム実施4拠点統一指標による研修プログラム評価報告書』
　文部科学省「持続的な産学共同人材育成システム構築事業」創造と変革を先導する産学循環型人材育成システム
　https://jitsumuka.jp/wp-content/uploads/2023/07/4ProgramsEvaluationReport_230701.pdf

参考文献

東英弥（2020）「発行に寄せて」実務家教員COEプロジェクト編『実務家教員への招待 —— 人生100年時代の新しい「知」の創造』社会情報大学院大学出版部，3-6

Engeström, Yrjö. (1987) *Learning by Expanding: An Activity-Theoretical Approach to Developmental Research*, Orienta-Konsultit Oy（= 山住勝広訳（1999）『拡張による学習 —— 発達研究への活動理論からのアプローチ』新曜社）

橋本純次（2020）「学術界と産業界を架橋する実務家教員養成のあり方」実務家教員COEプロジェクト編『実務家教員への招待 —— 人生100年時代の新しい「知」の創造』社会情報大学院大学出版部，312-341

橋本純次（2021）「知識基盤型社会の大学教育におけるマスメディア出身実務家教員の現状と課題」『社会情報研究』3 (1)：35-42

乾喜一郎（2020）「実務家教員を目指す方に知っておいてほしい『社会人学習』の現状と実務家教員の役割」『実務家教員への招待 —— 人生100年時代の新しい「知」の創造』社会情報大学院大学出版部，106-139

実務家教員COEプロジェクト編（2022）『実務家教員という生き方 —— 人生100年時代の新しい「知」の実践』社会構想大学院大学出版部

川山竜二（2019）「実践知の創造、活用、普及を担う学習と社会変革のエージェント」『月刊先端教育』創刊準備号: 94–95

川山竜二（2020）「実務家教員とは何か」実務家教員COEプロジェクト編『実務家教員への招待 —— 人生100年時代の新しい「知」の創造』社会情報大学院大学出版部, 16-53

川山竜二（2021）「社会の知を取りこむ実務家教員 実務家教員の展望と課題」『産学官連携ジャーナル』17 (12) : 23-25

坂本清恵（2020）「大学から見たリカレント教育と実務家教員」実務家教員COEプロジェクト編『実務家教員への招待 —— 人生100年時代の新しい「知」の創造』社会情報大学院大学出版部, 156-193

三宮真智子（2018）『メタ認知で〈学ぶ力〉を高める —— 認知心理学が解き明かす効果的学習法』北大路書房

白井俊（2020）『OECD Education2030プロジェクトが描く教育の未来 —— エージェンシー、資質・能力とカリキュラム』ミネルヴァ書房

富井久義（2020）「実務家教員養成プログラムの構想と展開 —— 文部科学省『持続的な産学共同人材育成システム構築事業』の取り組み」実務家教員COEプロジェクト編『実務家教員への招待 —— 人生100年時代の新しい「知」の創造』社会情報大学院大学出版部, 276-311

伴野崇生（2023）「『実務家教員のためのパターン・ランゲージ —— 新しい道を切り拓いていくための24のことば』の作成過程と全体像」『実務教育学研究』2: 27-43

Vygotsky, Lev S., [1934] 1956, *Избранные психологические исследования: Мышление и речь — Проблемы психологического развития ребенка*, Акад. педагогических наук РСФСР.（＝柴田義松訳（2001）『思考と言語 新訳版』新読書社）

吉岡三重子（2020）「実務家教員の課題と展望 —— 実務家教員養成課程における実践をふまえて」『人間発達研究』34: 97-106

おわりに

　2018年10月に第1期「実務家教員養成課程」を開講してから5年半の月日が経とうとしています。

　プログラム構成や開催場所、実施形態についての試行錯誤を含みつつも、2023年12月現在で13期、686名の受講生に対して、実務家教員に求められる教育指導力、研究能力、実務能力を醸成するプログラムを提供してきました。

　修了生からは、実際に大学などの高等教育機関で実務家教員として活躍する方も多数出てきています。教育指導力・研究能力のさらなる向上を目指して大学院に進学するなどし、継続学習に取り組む修了生もいます。活躍の場を企業に据えて、言語化・体系化した実務能力を活かしてさらなる活躍を果たしたり、人材育成の場において教育指導力を発揮したりする形で、実務家教員養成課程での学びを活かす修了生も多数います。

　こうした成果は、社会人生活の傍ら毎週の授業に参加した上で、教育研究業績書、論文のプロット、シラバス、教案、模擬授業といった各種課題に課外の時間を含めて取り組み、さらに自ら活躍の場を切り拓くべく行動していった、修了生自身の熱意によるところが大きいです。ともに切磋琢磨し、実務家教員のあり方について考えることができたことを、嬉しく思います。

　他方でこの成果はまた、実務家教員養成課程の設計・運営に携わった多くの方々の支えによるものでもあります。とくに、20分の模擬授業の経験を持つばかりの修了生に対して、1回90分の実習授業の機会を提供することを提案してくださった日本女子大学リカレント教育課程のみなさま、実務家教員養成のカリキュラムを法学研究科ビジネス法務専攻博士後期課程に取り入れてくださった武蔵野大学のみなさま、東京以外の地域での開催のための会場校を提供してくださった事業構想大学院大学のみなさまには、「実務家教員COEプロジェクト」の連携校として多大な協力をいただきました。このほか、岡山理科大学、びわこリハビリテーション専門職大学、佐賀大学、

近畿大学、東京富士大学においても、修了生の実習授業の機会を提供いただいております。記して感謝申し上げます。

さらにまた、実務家教員養成課程の授業を担当してきた多くの先生方、設計・運営に携わってきた教職員のみなさまにも、この場を借りて御礼申し上げます。

文部科学省「持続的な産学共同人材育成システム構築事業」の中核拠点校として取り組んできた「実務家教員COEプロジェクト」は2024年3月でいったんの区切りを迎えますが、実務家教員養成の取り組みは今後も続いていきます。

実務家教員になるための入り口の整備のみならず、実務家教員登用の仕組みの整備、本書で見てきたような実務家教員として登用された人材の能力開発の整備、分野別の能力開発の方法の検討、産業界と学術界を往還する実務家教員キャリアモデルの構築など、実務家教員の活躍をサポートするシステムの全体的な構築に取り組むことなどが、今後の課題となるでしょう。

実務家教員COEプロジェクトでは、こうした実務家教員の継続的な能力開発という課題を視野に入れ、「実務家教員FDプロジェクト」「認定実務家教員制度」「日本実務教育学会」などの取り組みに着手しています。また、東北大学、名古屋市立大学、舞鶴工業高等専門学校など、「持続的な産学共同人材育成システム構築事業」のほかの運営拠点・中核拠点においても、今後の課題を見据えた各種の取り組みが見られます。

今後の実務家教員養成に向けては、既に取り組みを始めている各大学が連携することはもちろん、実務家教員を登用する高等教育機関と広く協働していくことが鍵を握ると思われます。

本書がそのための議論の一助となれば、編者としてはまたとない喜びです。

2024年3月

編者一同

執筆者紹介
（職名はすべて本稿執筆時のもの）

川山 竜二（かわやま りゅうじ）　[第1章]
社会構想大学院大学学監・先端教育研究所所長
筑波大学大学院人文社会科学研究科にて社会学を専攻。専門学校から予備校までさまざまな現場にて教鞭を執る実績を持つ。現在は、「社会動向と知の関係性」についての研究のほか、専門職大学、実務家教員養成の制度設計に関する研究と助言も多数行っている。海洋開発研究機構普及広報外部有識者委員。また、教育事業に関する新規事業開発に対するアドバイザリーも行う。そのほか、研究施設などの広報活動について科学コミュニケーションの観点からアドバイスを行う。

橋本 純次（はしもと じゅんじ）　[第2章]
社会構想大学院大学コミュニケーションデザイン研究科准教授
東北大学大学院情報科学研究科人間社会情報科学専攻修了。博士（学術）。専門は応用メディア論、公共コミュニケーション、リスク・コミュニケーション。主な研究領域は、放送政策、地域メディア、オーディエンス研究、災害報道。主要研究業績として、橋本純次ほか（2023）「『不確実性』の高い災害をめぐるテレビ局によるリスク・コミュニケーションのあり方：新型コロナウイルス関連報道を端緒として」『社会構想研究』4(2)など。第35回電気通信普及財団賞テレコム社会科学学生賞 佳作受賞。

二宮 祐（にのみや ゆう）　[第3章]
群馬大学学術研究院准教授
一橋大学大学院社会学研究科博士後期課程単位取得満期退学。一橋大学大学教育研究開発センター、岡山大学若手研究者キャリア支援センター、日本工業大学工学部共通教育系、茨城大学地方創生推進室を経て現職。『文系大学教育は仕事の役に立つのか—職業的レリバンスの検討』（分担執筆、2018年、ナカニシヤ出版）、『文系大学院をめぐるトリレンマ—大学院・修了者・労働市場をめぐる国際比較』（分担執筆、2020年、玉川大学出版部）、『現場の大学論—大学改革を超えて未来を拓くために』（共編著、2022年、ナカニシヤ出版）など。

伴野 崇生（とものたかお）　［第4章］

社会構想大学院大学実務教育研究科准教授

香港中文大学専業進修学院専任講師、東京農工大学特任助教、慶應義塾大学特任講師などを経て現職。専門は文化心理学・成人教育学・異文化間コミュニケーション。主な論文に、伴野崇生・杉原由美（2020）「多様な日本語使用者を包摂するための言語的多数派への働きかけの検討：大学講義の社会的インパクト評価」『KEIO SFC JOURNAL』19(2)、伴野崇生（2023）「難民支援としての日本語教育・難民を対象とした日本語教育」『小出記念日本語教育学会論文集』31などがある。

中井 俊樹（なかいとしき）　［第5章］

愛媛大学教育・学生支援機構教授

専門は大学教育論、人材育成論。1998年名古屋大学大学院国際開発研究科博士課程中途退学。1998年に名古屋大学高等教育研究センター助手となり、同准教授などを経て2015年より現職。日本高等教育開発協会会長、大学教育イノベーション日本代表、大学教育学会理事、日本高等教育学会理事を経験。『カリキュラムの編成』（編著）、『大学の学習支援 Q&A』（共編著）、『大学のFD Q&A』（共編著）などがある。

上月 翔太（こうづきしょうた）　［第5章］

愛媛大学教育・学生支援機構講師

大阪大学大学院文学研究科博士後期課程単位修得退学。民間企業での勤務を経て、日本学術振興会特別研究員（DC2）、大阪産業大学等非常勤講師、大阪大学大学院文学研究科助教、愛媛大学教育・学生支援機構特任助教を経て2023年より現職。著書に『カリキュラムの編成』（分担執筆）、『大学の学習支援 Q&A』（分担執筆）、『大学職員の能力開発』（分担執筆）、『西洋古代の地震』（共訳）などがある。

佐藤 浩章（さとうひろあき）　［第6章］

大阪大学国際共創大学院学位プログラム推進機構教授

北海道大学大学院教育学研究科・博士後期課程単位取得退学。博士（教育学）。愛媛大学教育・学生支援機構准教授、大阪大学全学教育推進機構准教授を経て現職。ポートランド州立大学客員研究員、キングスカレッジロンドン客員研究フェローなどを歴任。専門は高等教育開発。近著に『大学教員の能力開発研究：ファカルティ・ディベロップメントの構造と評価』（2023単著）、『授業改善』（2021共編著）、『講義法』（2017編著）、『大学のFD Q&A』（2016編著）など。

鵜飼 宏成（うかい ひろなり）　［第7章］

名古屋市立大学大学院経済学研究科教授

法政大学大学院経営学専攻博士後期課程中途退学。（株）住信基礎研究所（現・三井住友トラスト基礎研究所）、愛知学院大学経営学部教授を経て、2019年4月より現職。大学院「経営者コース」を担当し、進化型実務家教員養成プログラム実施委員長を務める。現在は、同大学長補佐（産学官イノベーション）を兼務。主要論文に、「A Study on the Model of Civic Entrepreneurship for Building Prosperous Economic Communities in the Japanese Context」（2017年）、「A Study on the Role of "Revitalizing Vehicles," Led by a Social Entrepreneurial Team, for Creating a New Type of Cluster in Depopulated Cities」（2016年）など。

田口 光彦（たぐち みつひこ）　［第7章］

株式会社ジョイワークス代表取締役、人材開発＆組織開発コンサルタント

1982年法政大学経営学部卒業、同年（社）日本能率協会に入職。ビジネスツールの開発に従事し、その間システムノート「Bindex」などのヒット商品を生む。1991年（株）日本能率協会マネジメントセンターに転籍し、HRMに関するコンサルティング、教育研修の企画営業を担当する。セールスマネジャー、営業所長、研修事業の本部長などを歴任し、人材育成コンサルタントとして活躍し、2013年4月に独立。同年11月に株式会社ジョイワークスを創業。学習設計技術では、日本を代表する企業の数多くの教育改革のプロジェクト・リーダーを務める。共著に『人材開発部』（日本能率協会マネジメントセンター発行）。

斎藤 智文（さいとう ともふみ）　［第7章］

淑徳大学経営学部教授

社団法人日本能率協会において経営技術本部主査、人事革新センター部長など組織・人事分野の課題解決担当部門の責任者を歴任。2003年日本能率協会コンサルティングに転籍、HR革新センター チーフコンサルタントを経て、2005年 Great Place to Work® Institute Japan チーフプロデューサー。2008年組織と働きがい研究所を設立。2012年より一般社団法人経営研究所シニアフェロー。2017年より現職。著書に、『働きがいのある会社とは何か—「働きがい理論」の発見』、『働きがいのある会社—日本におけるベスト25』、『日本人事 NIPPON JINJI』など。

今永 典秀（いまなが のりひで）　［第8章］

名古屋産業大学現代ビジネス学部経営専門職学科准教授、地域連携センター長
名古屋大学経済学部卒業、グロービス経営大学院（経営学修士）、岐阜大学博士
（工学）。新卒後、住友信託銀行（現・三井住友信託銀行）、東和不動産（現・ト
ヨタ不動産）、岐阜大学地域協学センターを経て、現職。主な著書・論文とし
て、『企業のためのインターンシップ実施マニュアル』日本能率協会マネジメン
トセンター、『長期実践型インターンシップ入門』ミネルヴァ書房、「地域創生
へのインターンシップ」日本労働研究雑誌2021年8月号、など。

松本 朱実（まつもと あけみ）　［第9章］

社会構想大学院大学先端教育研究所特任教授
東京学芸大学大学院連合学校教育学研究科学校教育学専攻自然系講座博士課程
修了。博士（教育学）。教授学習論、環境教育、理科教育学、動物園教育学を専
攻。（財）東京動物園協会動物解説員（学芸員）、神戸市シルバーカレッジ生活
環境コースコーディネーター、複数の大学の非常勤講師（学芸員養成課程など）
を経て現職。著書『動物園教育で子どもたちがアクティブに！』学校図書、論
文「ナラティヴを導入した動物園での環境教育プログラムのデザインと評価」
環境教育31(1)など。

富井 久義（とみい ひさよし）　［はじめに・おわりに］

社会構想大学院大学実務教育研究科准教授
筑波大学大学院人文社会科学研究科博士後期課程修了。博士（社会学）。日本学
術振興会特別研究員（DC2）、茨城大学社会連携センター社会連携コーディネー
ター、事業構想大学院大学事業構想研究科准教授を経て現職。専門はボラン
ティア論・市民社会論・環境社会学。主な研究業績に「森林ボランティアの社
会的意義の語られ方」(2017、『環境社会学研究』第23号)、「新型コロナウイル
ス感染症は遺児世帯の生活にどのような影響を及ぼしたか（1)」(2021、『社会
情報研究』第2巻第2号）など。

索引

実務家教員のこれまで・いま・これから
人生100年時代の新しい「知」の発展

| 発行日 | 2024 年 3 月 15 日　初版第 1 刷発行 |

編　　者	実務家教員 COE プロジェクト
著　　者	川山 竜二・橋本 純次・二宮 祐・伴野 崇生・中井 俊樹・上月 翔太・佐藤 浩章・鵜飼 宏成・田口 光彦・斎藤 智文・今永 典秀・松本 朱実・富井 久義
発行者	東 英弥
発　　行	学校法人先端教育機構 社会構想大学院大学出版部 〒169-0075　東京都新宿区高田馬場 1-25-30 編集部　03-3207-0005 販売部　03-6273-8500 https://www.socialdesign.ac.jp/
発　　売	学校法人先端教育機構
印刷・製本	シナノ書籍印刷株式会社
DTP	株式会社鷗来堂

本書は、文部科学省の推進する「持続的な産学共同人材育成システム構築事業」において、実務能力・教育指導力・研究能力を兼ね備えた質の高い実務家教員の育成に取り組む「実務家教員 COE プロジェクト」の一環として発行するものです。

公式テキスト

実務家教員の理論と実践

人生100年時代の新しい「知」の教育

人生100年時代の新しい「知」の教育

実務家教員の理論と実践

実務家教員COEプロジェクト編

実務家教員養成公式テキスト

文部科学省 持続的な産学共同人材育成システム構築事業

社会情報大学院大学出版部

判　型：A5判

価　格：2,500円（税別）

編　者：実務家教員 COE プロジェクト編

文部科学省
持続的な産学共同人材育成システム構築事業

第 1 部　実務家教員の基礎
　実務家教員とは何か／高等教育論／
　実務家教員の条件／キャリアパス
第 2 部　実務家教員に求められる教育指導力
　シラバスと授業デザイン／教授法／教材研究／

研究指導／学習評価法／成人教育学
第 3 部　実務家教員の研究能力
　省察的実践／実践と理論の融合／論文執筆の基礎

発行　社会情報大学院大学出版部

発売　学校法人　先端教育機構

全国書店・Webで発売中
Tel: 03-6273-8500
Email: cs@sentankyo.jp